环保公益性行业科研专项经费项目（201209034）资助

干旱沙漠自然保护区旅游生态影响研究

王文瑞　著

中国环境出版社·北京

图书在版编目（CIP）数据

干旱沙漠自然保护区旅游生态影响研究/王文瑞著.
—北京：中国环境出版社，2017.10
（环保公益性行业科研专项经费项目系列丛书）
ISBN 978-7-5111-3386-1

Ⅰ.①干… Ⅱ.①王… Ⅲ.①沙漠—自然保护区—旅游资源开发—生态环境—环境影响—研究
Ⅳ.①F590.31②X820.3

中国版本图书馆 CIP 数据核字（2017）第 264742 号

出 版 人 武德凯
责任编辑 周艳萍 付江平
责任校对 尹 芳
封面设计 宋 瑞

出版发行 中国环境出版社
（100062 北京市东城区广渠门内大街 16 号）
网 址：http://www.cesp.com.cn
电子邮箱：bjgl@cesp.com.cn
联系电话：010-67112765（编辑管理部）
发行热线：010-67125803，010-67113405（传真）
印 刷 北京建宏印刷有限公司
经 销 各地新华书店
版 次 2017 年 11 月第 1 版
印 次 2017 年 11 月第 1 次印刷
开 本 787×960 1/16
印 张 10
字 数 180 千字
定 价 32.00 元

前　言

人类为了自身的生计所需而从大自然中获取资源的行为长期存在。人类足迹几乎遍及全球所有地区，自然生态系统的原始性和完整性受到来自人类的挑战逐步升级。在人类发展需要和自然生态系统留存的这一对矛盾中，人类为了能可持续地发展而采取的措施之一便是划一定区域空间，对其内的重要自然生态系统及其要素给予保护，即为自然保护区，其在全球的名称不同，但设立的基本目标是相似的。自然保护区虽设定范围被保护，但仍面临着人类开发活动直接或间接地渗透和威胁，如旅游活动。

在我国，由于区域自然地理环境、社会经济和文化的区域差异，自然保护区受到来自人类各种活动的威胁和承载能力也存在差异。在西北干旱区，生态系统稳定性和健康对人类活动干扰的反应敏感度较高，且干旱区生态效应对全国尺度都具有全局性战略意义。为了探索干旱区生态系统稳定性和生态健康评估的技术方法、制定建设项目和旅游活动对干旱生态系统影响的评价技术规范，以及推广现有干旱生态系统类型科普基地的示范性经验，国家环保公益性科研专项提出了“干旱沙漠自然保护区生态稳定性评估与社会服务功能研究”项目，并以宁夏中卫沙坡头国家级自然保护区为例进行研究。本书即为此项目子课题“干旱沙漠自然保护区旅游生态影响评价技术研究”的主要成果。本书中“干旱沙漠自然保护区”的提法也是来自于此项目指南。

本研究以较早发展沙漠型旅游的宁夏中卫沙坡头国家级自然保护区

为主要案例区，为了对照研究之便，同时也涉及类似的干旱沙漠生态系统如内蒙古哈腾套海自然保护区、巴丹吉林沙漠湖泊自然保护区等，以旅游开发建设项目和游客旅游活动为行为对象，分析此类活动对干旱沙漠生态系统及其要素的影响。影响对象涉及土地覆被、植物、野生动物、水环境质量、视觉景观和历史文化遗迹等，此外还从管理技术角度提出保护区旅游开发的容量管理措施，并初步构建了旅游生态影响评价的技术规范建议稿。研究成果试图对构建干旱沙漠自然保护区旅游生态影响的评价技术途径，期望能适用于全国类似区域的旅游生态影响评价工作。

本研究受国家公益性行业（环保）科研专项（项目编号 201209034）的资助，在研究和本书撰写过程中，得到兰州大学资源环境学院王乃昂教授、张建明教授、高翔教授、程弘毅副教授、黄银洲副教授以及宁夏中卫沙坡头国家级自然保护区管理局各位领导和工作人员的大力支持；在野外调查、数据整理和制图过程中，硕士研究生叶宜好、王亚慧和王伟伟做了大量实际工作。在此一并深表感谢。

本书属于地理学与生态学交叉学科性质的研究，由于作者认知水平所限，加之时间仓促，在研究深度和广度上还存在诸多不足，敬请广大读者批评指正。

著　者

2017 年 8 月

目　录

图 目 录

表目录

第 1 章　干旱沙漠自然保护区及其旅游开发

1.1　干旱荒漠自然保护区

根据《中华人民共和国自然保护区条例》，自然保护区是指对有代表性的自然生态系统、珍稀濒危野生动植物物种的天然集中分布、有特殊意义的自然遗迹等保护对象所在的陆地、陆地水域或海域，依法划出一定面积予以特殊保护和管理的区域。此外，根据我国国家标准《自然保护区类型与级别划分原则》（GB/T 14529—93），我国自然保护区分为 3 大类别和 9 个类型。3 大类别是指自然生态系统类、野生生物类、自然遗迹类。3 大类别下面各自包含若干类型，自然生态系统类别包括森林生态系统类型、草原与草甸生态系统类型、荒漠生态系统类型、内陆湿地和水域生态系统类型、海洋和海岸生态系统类型；野生生物类别包括野生动物类型、野生植物类型；自然遗迹类别包括地质遗迹类型、古生物遗迹类型。

荒漠生态系统类型自然保护区是指以荒漠生物和非生物环境共同形成的自然生态系统作为主要保护对象的自然保护区。根据我国环境保护部的统计，截至 2011 年年底，全国有各级荒漠生态系统类型自然保护区 33 个，主要分布于干旱区和半干旱区（见表 1-1）。

干旱区一般是指降水量少，年蒸发量大于降水量，因而干旱缺水，一般作物或植物不能维持正常生长的地方[1]。在全球气候持续变暖的背景下，干旱区面临的沙漠化、盐渍化、生物多样性减小以及水土流失等潜在风险和现实问题是不是会加剧，目前还在持续讨论中。但干旱半干旱区脆弱的生态环境仍受人类活动的持续干扰，此过程不但没有减缓，还有加剧之势。干旱半干旱区并非有文章不恰当地描述的“不毛之地”，而是也拥有丰富的生物多样性、独特的自然景观和人文景观，也是地球演化过程中形成的自然遗产和人类历史演化过程中形成的文化遗产分布地。因此，设立自然保护区对干旱地区特有的生物多样性及生物生境和文化遗产等给予保护是非常必要的。但设立了自然保护区并不等于自然生态及环境就完全避免了人类干扰，保护区所在地区经济建设压力对保护区不断产生冲击，在保护与利用之间的博弈将长期存在，这为自然保护区的管理提出了挑战。

表 1-1　中国主要荒漠生态系统类型自然保护区

序号	省区	保护区名称	行政区域	总面积/hm^2	主要保护对象	类型	级别	始建时间	主管部门
1	蒙	白二爷沙坝	和林格尔县	8 000	荒漠生态系统及野生动植物	荒漠生态	县级	1996-3-1	林业
2	蒙	巴音杭盖	达尔罕茂明安联合旗	49 650	荒漠草原生态系统	荒漠生态	省级	2001-12-1	林业
3	蒙	乌旦塔拉	科尔沁左翼后旗	23 471	沙地原生植被	荒漠生态	省级	2001-12-27	林业
4	蒙	阿贵庙	准格尔旗	107	荒漠植被	荒漠生态	县级	1987-1-1	林业
5	蒙	毛盖图	鄂托克前旗	83 246	荒漠植被及野生动植物	荒漠生态	省级	2003-1-1	林业
6	蒙	毛乌素沙地柏	乌审旗	31 250	荒漠生态系统及臭柏林	荒漠生态	省级	2000-9-28	林业
7	蒙	哈腾套海	磴口县	123 600	绵刺及荒漠草原、湿地生态系统	荒漠生态	国家级	1995-1-1	林业
8	蒙	乌拉特梭梭林—蒙古野驴	乌拉特后旗	68 000	梭梭林、蒙古野驴及荒漠生态系统	荒漠生态	国家级	1985-10-1	林业
9	蒙	浑善达克沙地柏	阿巴嘎旗	191 164	天然沙地柏群落、典型草原、河湖湿地	荒漠生态	省级	2007-9-1	林业
10	蒙	乌和尔沁敖包	正蓝旗	139 300	沙地疏林	荒漠生态	县级	2000-1-1	环保
11	蒙	东阿拉善	阿拉善左旗	1 071 549	荒漠生态系统	荒漠生态	省级	1996-10-1	林业
12	蒙	腾格里沙漠	阿拉善左旗	1 006 450	沙漠生态系统	荒漠生态	省级	2003-3-1	林业
13	蒙	巴丹吉林	阿拉善右旗	489 011	荒漠生态系统及盘羊、梭梭等野生动植物	荒漠生态	省级	1997-4-1	林业
14	蒙	巴丹吉林沙漠湖泊	阿拉善右旗	717 060	荒漠生态系统及湖泊湿地	荒漠生态	省级	1999-5-1	环保
15	蒙	额济纳胡杨林	额济纳旗	26 253	胡杨林及荒漠生态系统	荒漠生态	国家级	1986-6-1	林业
16	蒙	额济纳旗梭梭林	额济纳旗	66 667	荒漠生态系统及梭梭林、肉苁蓉等野生动植物	荒漠生态	县级	1998-12-2	环保

序号	省区	保护区名称	行政区域	总面积/hm^2	主要保护对象	类型	级别	始建时间	主管部门
17	黑	讷谟尔河湿地	依安县	61 385	湿地生态系统及其珍稀动植物	荒漠生态	省级	2007-8-13	林业
18	藏	羌塘	安多、尼玛、改则、双湖、革吉、日土、噶尔等县	29 800 000	藏羚羊等有蹄类动物及高原荒漠生态系统	荒漠生态	国家级	1993-7-9	林业
19	陕	大荔沙苑	大荔县	5 000	荒漠生态系统	荒漠生态	县级	1999-12-2	环保
20	甘	芨芨泉	金昌市金川区	51 070	荒漠生态系统及野生动植物	荒漠生态	省级	2005-8-6	林业
21	甘	武威沙生植物	武威市凉州区	850	沙生植物	荒漠生态	县级	1972-11-1	其他
22	甘	民勤连古城	民勤县	389 883	荒漠生态系统及黄羊等野生动物	荒漠生态	国家级	1982-1-1	林业
23	甘	安西极旱荒漠	安西县	800 000	荒漠生态系统及珍稀动植物	荒漠生态	国家级	1987-6-2	环保
24	甘	昌马河	玉门市	68 250	高山荒漠	荒漠生态	省级	1996-3-21	林业
25	青	柴达木梭梭林	德令哈市	373 391	梭梭林、鹅喉羚及荒漠植被等生态系统	荒漠生态	省级	2000-5-1	林业
26	青	诺木洪	都兰县	118 000	荒漠生态系统、地质遗迹、野生动植物等	荒漠生态	省级	2005-10-1	环保
27	宁	灵武白芨滩	灵武市	74 843	天然柠条母树林及沙生植被	荒漠生态	国家级	1985-1-1	林业
28	宁	哈巴湖	盐池县	84 000	荒漠生态系统、湿地生态系统	荒漠生态	国家级	1998-7-1	林业
29	宁	沙坡头	中卫市	14 043	自然沙生植被及人工治沙植被	荒漠生态	国家级	1984-9-1	环保
30	新	奇台荒漠类草地	奇台县	38 600	荒漠生态系统及荒漠草原生态系统	荒漠生态	省级	1986-7-5	农业
31	新	塔里木胡杨	尉犁县、轮台县	395 420	胡杨、灰杨林	荒漠生态	国家级	1983-1-1	林业
32	新	阿尔金山	若羌县	4 500 000	有蹄类野生动物及高原生态系统	荒漠生态	国家级	1983-1-1	环保
33	新	甘家湖梭梭林	乌苏市、精河县	54 667	梭梭林及其生境	荒漠生态	国家级	1983-9-1	林业

数据截至 2011 年，资料来自文献[2]，经整理。

1.2 干旱沙漠自然保护区

根据组成物质不同，荒漠可分为岩漠、砾漠、沙漠、泥漠、盐漠等多种类型。在我国自然保护区类型划分中并无沙漠自然保护区这一类型，但根据对荒漠的类型划分，沙漠自然保护区是属于荒漠类型自然保护区的次级类型。

为了贯彻落实《国家中长期科学和技术发展规划纲要（2006—2020 年）》，2006 年我国新设立中央财政专项，选择公益特点突出、行业科研任务较重的包括环保部在内的 10 个部门作为试点，围绕规划纲要的重点领域和优先主题开展科研工作，提高行业发展科技支撑力度。正是在此背景下，环境保护部在 2012 年提出的科研专项中列出“干旱沙漠自然保护区生态稳定性评估与社会服务功能研究”专项。此专项并非针对整个荒漠生态系统类型保护区，而是选择了荒漠中的沙漠类型作为研究对象，具有特定的目的和意义。

根据上述项目的研究内容和要求，这里对干旱沙漠自然保护区的概念范畴做初步的界定。首先，从研究对象的区域类型来说，既然是干旱沙漠自然保护区，则指的是分布于干旱区范围内的且以沙漠生态系统为主要对象的自然保护区；其次，从功能上讲，此类保护区除了保护生物多样性外，还有一个重要生态系统服务即为防风固沙，主要是为了保护下风向区域包括绿洲在内的人类生产生活区域，因而在研究干旱沙漠自然保护区时不仅限于沙漠本身，还需涉及沙漠周边一定范围，诸如沙漠与绿洲的过渡区域。因此在本研究中可将干旱沙漠自然保护区定义为：以沙漠及其边缘区的生物和非生物环境共同形成的自然生态系统作为主要保护对象的自然保护区。

1.3 干旱沙漠区主要旅游吸引物

干旱区的沙漠及其自然环境共同构成的荒漠景观形成了独特的旅游资源，具有地域特色的美学价值并可提供观光、娱乐和其他游憩功能。目前国内外分布于干旱区的自然保护区和国家公园等保护地基本上都开展了游憩、娱乐和旅游活动，但不同沙漠类型以及面对的市场需求差异下，沙漠地区的旅游活动存在一定差异，而且不同地区的沙漠开发旅游的适宜性也存在差异[3]。

一般把沙漠地区的旅游行为和现象统称为沙漠旅游，但国内外对沙漠旅游的定义还存在差异。英语中的 desert tourism（荒漠旅游）所涉及的自然景观包括所有的荒漠景观，即流动沙丘、不同植被覆盖度的沙地和劣地等。而我国对沙漠旅游目前定义仍在讨论中[4, 5]，基本的共识是沙漠旅游是指发生在沙漠区域（包括流动沙丘和沙地）上，并以此自然景观为背景或载体而发生的各种观光、娱乐、休闲和度假活动的旅游类型。

1.3.1　国外沙漠旅游简况

世界上沙漠主要分布在南北半球的中纬度地区，比较集中地分布于亚洲中部和西部、非洲、北美洲西部、南美洲西部、澳大利亚中西部等。这些区域都有与沙漠相关的以自然或本地文化为主题的旅游资源开发，甚至还有现代化城市旅游，如阿联酋的迪拜及美国的拉斯维加斯。

北美洲的荒漠主要分布在美国西部，主要是以旱生灌木、半灌木甚至乔木植被为主的固定半固定沙地，较大面积的流动沙丘仅在奇瓦瓦沙漠西部有所分布。北美规模较大的沙漠有大盆地沙漠、莫哈维沙漠、索诺兰沙漠和奇瓦瓦沙漠。这些分布美国西部的沙漠区内建立了很多国家公园系列保护区和州级保护区，比较著名的保护区如莫哈维沙漠的死亡谷国家公园（Death Valley National Park）、大盆地沙漠的大盆地沙漠国家公园（Great Basin Natioanl Park）、奇瓦瓦沙漠北部的白沙国家保护地（White Sand Natioanl Momument）等。美国的沙漠旅游活动以观光（seeing）、自驾越野（OHV：off-road viechle）、徒步（hiking）、露营（camping）、单车骑行（biking）等最为常见。

南美洲的荒漠主要分布在南美大陆西部的秘鲁、玻利维亚和智利的阿塔卡马沙漠范围。开展旅游活动的区域如智利圣佩德罗-德阿塔卡马周边的月亮谷（Valle de la Luna）、阿卡塔马盐沼（Salar de Atacama）等沙漠和干旱峡谷地貌组合的以观光为主的景区。

非洲有全球最大的沙漠——撒哈拉沙漠，旅游活动主要在其边缘地带开展，如摩洛哥和突尼斯等国家开展的观光和沙漠越野探险活动等；此外非洲南部的纳米布沙漠也开展有探险旅游活动，如纳米比亚境内的纳米布纳乌克卢夫特国家公园（Namib Naukluft National Park）、西海岸国家旅游娱乐区（National West Coast Recreation Area）、轮廓海岸国家公园（Skeleton Coast Park）。此外，埃及的锡瓦（Siwa）地区有沙漠度假旅游等。

在澳大利亚，中西部地区以荒漠为主，主要开展的是探险型旅游活动。

亚洲的沙漠旅游主要在中国中西部和亚洲中东地区开展较多。中东地区的沙漠旅游以迪拜最为有名但其以沙漠之上的豪华城市旅游为主，在内盖夫沙漠一带也有沙漠旅游且主要以历史文化遗迹观光为主。以中国为代表的干旱荒漠区自然风景和历史文化遗迹众多，虽然目前历史遗迹（如丝绸之路沿线的佛教文化类遗迹）吸引游客的数量多于自然风景的吸引力，但随着旅游个性化时代的来临，沙漠景观观光和娱乐活动也正在逐步受到游客的青睐，特别是在中国北方几大沙区的边缘地带开展了丰富多样的旅游活动。

1.3.2 中国沙漠旅游景区概况

中国沙漠旅游主要在巴丹吉林沙漠、腾格里沙漠、库姆塔格沙漠和古尔班通古特沙漠等沙漠的周边地区开展。

截至 2015 年 7 月，中国有 A 级沙漠旅游景区 25 个，其中 5A 级景区 4 个，4A 级景区 17 个，3A 级景区 2 个，2A 级景区 2 个，没有 1A 级景区（见表 1-2），可以看出 4A 级景区数量最多，几乎是其他等级景区总和的两倍。

表 1-2 中国主要沙漠旅游景区级别及数量

省份	5A	4A	3A	2A	1A	总计
内蒙古	1	9	0	2	0	12
新疆	0	5	1	0	0	6
甘肃	1	2	1	0	0	4
宁夏	2	1	0	0	0	3
总计	4	17	2	2	0	25

各主要沙漠景区基本情况见表 1-3。

表 1-3 中国主要沙漠旅游景区

景区名称	等级	所属省份	景区特色
沙坡头	5A	宁夏	“中国沙漠旅游第一品牌”；草方格治沙成果，被联合国授予“全球环保 500 佳”；沙漠和黄河完美的结合
沙湖	5A	宁夏	国家首批 5A 级景区，中国王牌旅游景点，中国十大魅力湿地，中国十大魅力休闲湖泊，沙水合一
响沙湾	5A	内蒙古	奇特的响沙，中国首家沙漠度假地，国家文化产业示范基地
鸣沙山月牙泉	5A	甘肃	国家级风景名胜区，厚重的历史文化，“中国沙漠第一泉”，沙山和泉水共处
达瓦昆沙漠旅游区	4A	新疆	“中国沙漠旅游风景之乡”
恩格贝生态旅游区	4A	内蒙古	国家级生态建设示范区，位于鄂尔多斯国家地质公园内
库布其七星湖景区	4A	内蒙古	位于鄂尔多斯国家地质公园内；天上北斗星，地上七星湖；国家沙漠旅游实验基地，中国沙漠汽车越野训练基地
金沙湾生态旅游区	4A	内蒙古	全国青少年生态教育基地，深厚的历史文化底蕴
敦煌雅丹国家地质公园	4A	甘肃	雅丹地貌，国家级地质公园
黄沙古渡	4A	宁夏	明清宁夏八景之一，国家级湿地公园；景区集大漠风光、黄河古韵和自然湿地于一体，是原生态自助游的好去处
通湖草原	4A	内蒙古	流传千古的故事和传说，位于阿拉善沙漠世界地质公园腾格里园区内，与 5A 级景区沙坡头沙沙相连
武威沙漠植物园	4A	甘肃	沙漠植物园
巴丹吉林沙漠旅游区	4A	内蒙古	位于阿拉善沙漠世界地质公园巴丹吉林园区内，被《中国国家地理》杂志评为中国最美的沙漠，地处沙漠腹地探险旅游，世界上相对高度最高的沙丘，世界上面积最大的鸣沙区
达来月亮湖	4A	内蒙古	位于阿拉善沙漠世界地质公园腾格里园区内
驼铃梦坡	4A	新疆	沙漠动植物园
乌尔禾魔鬼城	4A	新疆	雅丹地貌
鄯善库姆塔格沙漠景区	4A	新疆	国家级风景名胜区
哈密魔鬼城	4A	新疆	雅丹地貌
银肯塔拉沙漠生态旅游区	4A	内蒙古	生态，融合沙漠生态文化和草原文化于一体
大沙头生态文化旅游区	4A	内蒙古	“中国鄂尔多斯文化之乡”“中国西部沙漠赛车基地”
玉龙沙湖旅游景区	4A	内蒙古	距北京、天津等东部客源市场最近的沙漠旅游景区，新石器时代红山文化标志物——“中华第一龙”在此出土

景区名称	等级	所属省份	景区特色
吐鲁番沙漠植物园	3A	新疆	沙漠植物园
马路滩沙漠生态旅游区	3A	甘肃	全国农业旅游示范点，河西荒漠区生态经济圈模式试点
夜鸣沙	2A	内蒙古	地处沙漠腹地，响沙
南沙梁	2A	内蒙古	新石器时代遗址，沙漠草原旅游

1.3.3 沙漠旅游景区主要吸引物

自然保护区一般保留了比较原始的自然生态环境，因而对热衷自然生态旅游的人群来说具有较高的吸引力，干旱区的自然保护区也不例外。

从目前已开展旅游活动的干旱沙漠自然保护区中选择部分开发程度较高的保护区，我们可以发现其开展旅游的吸引物特点、旅游活动类型和主要旅游建设项目类型。这里重点以我国中部沙区 5 个国家级自然保护区为例，对自然保护区内开发的旅游景区和主要吸引物进行归纳，见表 1-4。

表 1-4 沙漠生态系统类型保护区主要旅游景区及吸引物

保护区名称	代表性景区	主要旅游吸引物
宁夏沙坡头国家级自然保护区	沙坡头南景区	陡沙坡，黄河景观，黄河水面娱乐，跨越黄河滑索，沙漠博物馆
	沙坡头北景区	连绵的流动沙丘，及在流动沙丘上开展的越野活动，骆驼骑乘、沙漠酒店，沙漠酒吧，直升机空中俯瞰
	腾格里湿地公园景区	沙漠湖泊景观，牧场，花卉园，果园，度假别墅，度假酒店
内蒙古哈腾套海国家级自然保护区	纳林湖	沙漠湖泊景观，水上娱乐，沙漠越野
内蒙古额济纳胡杨林国家级自然保护区	胡杨林	胡杨景观（秋季），黑河
内蒙古阿右旗巴丹吉林沙漠湖泊区级自然保护区	巴丹吉林沙漠湖泊：巴丹湖、宝日陶勒盖、庙海子、必鲁图等湖泊	高大沙丘景观、沙漠湖泊、蒙古族民俗
内蒙古阿左旗腾格里沙漠区级自然保护区	月亮湖、天鹅湖	沙丘景观、沙漠湖泊、蒙古族民俗，度假别墅

根据表 1-4 可以归纳出干旱区沙漠自然保护区对游客的主要吸引物大致可以归为四类：

第一类是沙漠景观，主要指流动沙丘。包括高大沙丘、低缓沙丘、高倾角陡沙坡面等，是沙漠地区开展旅游的基础景观资源之一。例如，以巴丹吉林沙漠中南部高大沙山集中分布，其中必鲁图峰以相对高差达 430 余 m①而被称为“沙漠珠穆朗玛峰”并具有很高吸引力；宁夏沙坡头保护区南部坡度约为 40%的陡沙坡称为该旅游区的核心吸引物之一，而沙漠边缘连绵起伏的低缓沙丘成为越野车“冲浪”的良好的基础。

第二类是与沙漠里的湖泊或河流。沙漠与水体这两种看似对立的自然要素在部分沙漠里却相伴而生，提高了单一沙丘景观的吸引力，表 1-4 中列举的沙漠自然保护区的旅游旅游区域，几乎都有湖泊或河流相伴的，尤其巴丹吉林沙漠南部高大沙山和湖泊相间分布，促使沙漠旅游活动深入沙漠腹地。

第三类是生物资源。包括植物和动物资源。一般来说，干旱区自然保护区的天然植被大多以矮小而稀疏的灌木、半灌木和草本为主，兼有人工种植的乔木，自然生长的乔木以胡杨林最为知名，此外绿洲区人工栽培的防风林带为沙漠外围提供了绿色景观。一般来说干旱沙漠自然保护区除了像胡杨林这种乔木植物在夏秋季具有较好的观赏价值外，其余大多数干旱沙漠保护区的植被由于低矮、叶小、覆盖度低等原因而观赏性较低、吸引游客能力低，但这从保护的角度看却是积极的。

第四类是基于上述自然资源基础上开发的各类旅游项目。传统上旅游开发项目不能称之为“资源”，但现在也有人根据旅游吸引物的吸引性质分为场所吸引物和事件吸引物[6]，上述三类旅游资源属于场所吸引物，而依托场所吸引物的旅游项目可以称之为事件吸引物，因为从目前沙漠旅游开发来看，流动沙丘上开展的诸多娱乐项目成为吸引游客的重要吸引物了，如沙漠越野类、沙坡滑沙滑草类、空中娱乐、湖泊或河流水上娱乐、沙漠休闲和住宿、少数民族民俗等项目。

总体来看，沙漠旅游虽然开发较晚，且其旅游经济价值较高[7, 8]，在开发观光、特种娱乐、探险乃至度假等产品方面都具有较好的前景预期。

---

① 此数据由兰州大学资源环境学院 2009 年巴丹吉林沙漠探险考察时测得。报道来源：http://news.lzu.edu.cn/c/200909/4a49801923dabbe70123ffb8dd7b7884.html。

1.4 干旱沙漠保护区旅游活动和建设项目

旅游开发建设项目可以分为 4 大类，即新开旅游景区（点）、景区扩大、既有景区建设旅游设施、在某类工程已建基础上增加的旅游功能[9]。前两种建设项目在空间上需要进行拓展，均属于新建的项目，将对欲建设空间的生态环境产生影响；后两种指不拓展新的空间，但要在原来规划和建设的空间内进行叠加，对原建成区的生态环境造成叠加累积影响。

面对沙漠类型自然保护区，不同开发程度景区的基础设施和旅游服务设施会存在差异。这里以旅游开发早且发展比较成熟的宁夏中卫沙坡头国家级自然保护区为主要案例区，对沙漠型自然保护区旅游开发的主要旅游活动类型及旅游设施进行归纳和分析，为后文的旅游生态影响评价提供基础背景。同时为了类比研究，对内蒙古哈腾套海国家级自然保护区、内蒙古巴丹吉林沙漠湖泊自治区级自然保护区进行了简要描述。

1.4.1 沙坡头自保护区概况

宁夏中卫沙坡头国家级自然保护区（简称“沙坡头保护区”）以自然植被和人工植被兼具的保护区，自然植被在地带性特征上反映为荒漠和荒漠草原，而人工植被缘于为保护1958年8月通车的包兰铁路中卫段免遭风沙掩埋而实施的植物固沙工程。经过 20 多年的建设形成了阻滞腾格里沙漠向该区域南侵的绿色屏障而受到国内外关注，于是在 1984 年 7 月，宁夏回族自治区人民政府批准建立了自治区级沙坡头自然保护区（宁政办函〔1984〕78 号），此后于 1994 年被批准为国家级自然保护区（国函〔1994〕26 号）。

宁夏中卫沙坡头开展旅游始于 20 世纪 80 年代，主要依赖该区域黄河北岸的流沙陡坡，提供滑沙活动和水上活动，水与沙的相映成趣构成基本的吸引物。黄河从香山西端的峡谷进入中卫盆地时形成一个“几”字形弯，北岸为被侵蚀河岸，因而形成了陡岸坡，岸坡顶部的腾格里沙漠流沙顺坡而下形陡沙坡，为滑沙提供了良好的条件，该沙坡坡度约为 40%。在此旅游活动的基础上，逐步开发了诸多其他包括观光、娱乐、度假和探险等活动，且景区空间范围也在逐步扩大，形成了规模较大的旅游区，并且带动了相邻区域的旅游开发，具体见后文。沙坡头旅游区在 2007 年被评为国家 5A 级景区。

沙坡头旅游区自 20 世纪 80 年代开始接待游客，但此后近 20 年内旅游发展相对缓慢。随着国内旅游需求在近 10 年内的快速增加，国内著名风景区及发达地区的景区在旅游旺季常常爆满，游客旅游的个性化倾向和后现代旅游转向背景下，西部的特色旅游吸引物受到关注，沙漠、冰川等旅游地旅游人数快速增加。在需求增长的刺激下，沙坡头旅游区的景区景点建设从约 2000 年以来开始大规模增长，旅游建设项目增加明显，旅游人数也快速增长。根据沙坡头景区网站（spttour.com）报道资料，沙坡头景区 2004 年接待游客 52 万人次，2005 年接待游客 62 万人次，2012 年有偿接待游客 85 万人次。特别是每年的国庆节假期人数急剧增加，例如 2012 年国庆节“黄金周”7 天内，沙坡头景区共接待游客近 9 万人次。旅游人数的增加促使景区对空间的需求增加，而且大量的旅游活动对自然保护区的生态系统安全也构成威胁。

1.4.2　沙坡头主要旅游活动类型

沙坡头旅游区目前开展的旅游活动大致可以分为观光、沙漠娱乐、度假和生态旅游等（见表 1-5）。

表 1-5　沙坡头保护区主要旅游活动

旅游活动类型	活动开展区域	主要活动内容
观光	沙坡头南区、沙坡头北区	大漠景观欣赏、保护区治沙工程及成果观察、沙漠湖泊及鸟类观赏
滑沙	沙坡头南区、沙坡头北区	利用滑板沿沙丘陡坡处自然下滑
骆驼骑乘	沙坡头南区、沙坡头北区	游客骑乘骆驼沿固定路线行进
汽车冲浪	沙坡头北区	乘坐沙漠越野吉普车、卡丁车、摩托车等翻越沙丘，路线相对固定
沙滩排球	沙坡头北区	沙滩排球
度假	金沙岛度假区	住宿、餐饮、机动船

不同于传统观光型大众旅游（如森林旅游、历史文化遗迹旅游和主题公园旅游），沙漠旅游依托的是沙漠和荒漠生态系统自然景观，虽然观光也是该旅游地重

要的旅游产品类型，但从目前我国沙漠旅游地发展现状来看，旅游地提供更多的是沙漠体验性旅游（如沙漠运动类项目体验）、探险型旅游（如自驾穿越沙漠）和度假型旅游（一般依托湖泊）。

观光类旅游的对象主要是腾格里沙漠起伏的流动沙丘、沙漠湖泊及栖息于湖泊及荒漠自然—人工植被上的鸟类、人工和自然植被景观等。由于流动沙丘景观在我国并不具有垄断性特征，在我国大型沙漠区周边多有不同程度的沙漠旅游开发，因此流动沙丘并非核心吸引物但是不可缺少的，因为它构成了沙漠旅游的主题背景环境。

沙漠娱乐是指以起伏的沙丘为平台而开展的各类的参与程度高、刺激性较强的活动。包括最早开发的陡沙坡上的滑沙活动，以及近几年开发的各类以机动车为工具的探险活动，如大中小型的越野车穿越起伏沙丘获得刺激体验，沙漠卡丁车和四轮摩托等自驾或半自驾体验工具，骑乘骆驼以体验沙漠特色传统交通工具，还有诸如沙漠排球、足球等体育活动。

度假旅游多位于湖泊周边，此位置视域内融合了沙漠、湖水、水生鸟类、湿地植被等景观以及较为静谧的环境，配合上述的与沙漠相关的运动类和康体类项目，此类度假很具有沙漠特色。如沙坡头自然保护区内的马场湖—高墩湖边正在开发的度假村就属于此类。

生态旅游主要通过景观观光和博物馆展示的方式为游客展示沙漠生态环境知识和人类生态治理工程成果等，主要提供了生态旅游的教育功能。在旅游区，游客可以看到腾格里沙漠边缘的荒漠植被和包兰铁路两侧人工固沙植被及“五带一体”（以铁路为中心线向两侧平行分布有卵石防火带、灌溉造林带、草障植物带、前沿阻沙带和封沙育草带）的治沙防沙模式，在沙漠博物馆游客可以了解到沙漠的形成与演化、世界沙漠和中国沙漠、沙漠生命、沙漠文化与沙漠传奇、荒漠化与沙尘暴、沙漠治理与沙产业等主题的展览和解说系统。

1.4.3 沙坡头保护区旅游建设项目

与普通自然景区建设相类似，干旱沙漠自然保护区内的旅游景区的开发建设项目也可分类两大类，即基础设施和旅游接待设施。基础设施主要包括：道路、供水、供电、通信设施等建设项目。旅游接待设施包括：景区内外的停车场、服务中心、宾馆酒店、旅游商品售卖处、休闲设施、景区内交通、游乐设施、景区内管理区等。

沙坡头旅游开发自 20 世纪 80 年代开始开展旅游业，经过 30 多年的发展，空间规模在逐步扩大，景区由原来只有大约 20 hm^2 的沙坡头景区扩展到目前多景区、多功能的旅游区了，且旅游区空间开发不仅涉及保护区，还有保护区以外的范围。本研究重点关注的是旅游对保护区的生态系统影响，因此这里主要选择位于保护区范围内的景区进行分析。

1．数据获取

景区空间分布资料获得通过 2011—2013 年的多次现场调查和基础资料收集，并利用 TM 影像和谷歌地球的遥感影像资料和 ArcGIS 软件进行空间数据整理和量测，然后地图化沙坡头保护区内旅游开发景区空间分布及各项设施规模现状数据。

景区内各设施则通过现场调查主要确定各项目所处位置、边界标志物、面积和长度范围、项目处于建设期或运营期等基础情况；通过对保护区管理部门、旅游开发部门等机构的询问、材料搜集、网络公告资料查询等获取旅游开发投资、项目简况、旅游人数等基础资料；通过室内基于遥感影像和 GIS 技术对各开发建设项目的面积、长度等进行精确量算。最后整理出沙坡头保护区内旅游开发建设项目及其各属性资料。

2．旅游景区及规模

截至 2013 年 6 月，沙坡头保护区内已开展旅游的主要景区有 4 处（见表 1-6 和图 1-1），分别为沙坡头南景区、沙坡头北景区、腾格里湖湿地公园景区和龙宫湖景区。还有两个小规模的景区，即孟家湾九龙湾景区和小湖附近的大漠边关景区。其中沙坡头南景区和沙坡头北景区开发历时较长且大部分处于运营期；而腾格里湖湿地景区正在进行开发，部分项目处于运营阶段；龙宫湖景区正处于开发建设阶段，运营项目很少。

通过调查，得出各景区在沙坡头保护区范围内的区域的面积总和为 1 813.4 hm^2，占保护区总面积的 12.91%。由于部分景区没有明确的界限，如沙坡头北景区的沙丘区域，这里按照各类旅游娱乐活动到达的距离在勾画其范围。各景区在保护区功能区中的位置和占地面积见表 1-6，空间分布见图 1-1。

表 1-6 沙坡头自然保护区主要旅游景区

主要景区	在保护区中的位置	占地/hm^2
沙坡头南景区	实验区	22.0
沙坡头北景区	缓冲区、实验区	553.9
腾格里湿地公园	核心区、缓冲区	829.6
龙宫湖景区	缓冲区、实验区	407.9
总计		1 813.4
旅游景区占沙坡头保护区面积的 12.91%（沙坡头保护区面积 14 043 hm^2）		

注：除表中 4 个景区外，保护区孟家湾一带还有 2 处景点且旅游活动较少，这里不作为主要景区统计，其涉及的旅游开发建设项目见表 1-7。

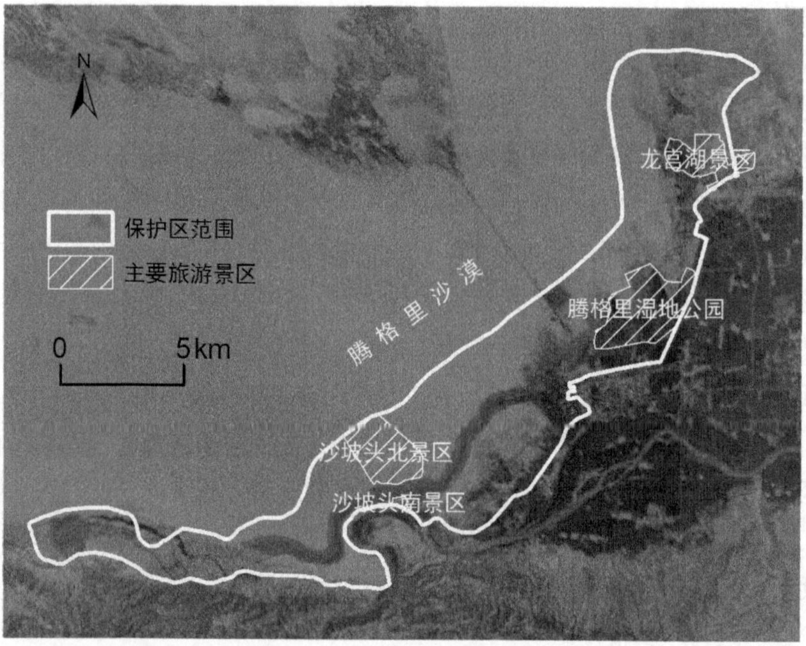

图 1-1 沙坡头自然保护区主要旅游景区空间分布

从开发时间来看，上述景区中，开发较早的是沙坡头南景区，依托黄河北岸坡度较大的沙坡和濒临黄河的旅游资源优势，自 1984 年[10]开始开发旅游活动以来，逐步演变为中卫市旅游业的重点旅游区，此后，由于南景区旅游地发展空间受限及游客旅游需求结构的变化，沙坡头旅游发展穿过宝兰铁路向北扩展，在跨越保护区核心区以北的保护区实验区开发了以沙漠娱乐活动为主的沙坡头北景区。此后，为了适应度假旅游需求，中卫市在保护区中部依托马场湖和高墩湖及其周边的鱼塘，在退渔还湖生态建设工程成果的基础上，从 2009 年开始发展起来了围绕湖泊—沙漠—人工乔木—天然荒漠植被—园林花卉等景观组合的以度假为核心产品的腾格里湖湿地旅游区。此外，在保护区东北部邻近中卫香山机场和小湖一带，自 2008 年便开始开发以历史遗迹—湖泊—沙漠景观为主的龙宫湖大漠边关旅游景区，但这一景区目前处于基本停滞的状态。

3．旅游开发建设项目

旅游开发建设项目可按照空间布局形式和其对生态环境影响的空间格局简要地分为线型开发建设项目和点（或面）型开发建设项目。线型开发建设项目主要指布局空间跨度较大且呈线型分布的项目。如旅游景区对外公路、景区内公路、各种游步道等。点型开发建设项目指布局空间相对集中、呈点状分布的设施、活动点等，如接待中心、停车场、展览馆、酒店和规模较小的线状娱乐设施。

经过现场调查、资料整理及遥感和 GIS 地理空间数据分析，获得沙坡头截至 2012 年年底的主要开发建设项目基础数据，具体见表 1-7。其中主要点型开发建设项目 20 项，共占地面积 1 344 924 m^2（计 134.5 hm^2），占沙坡头自然保护区面积的 1%。主要线型开发建设项目 8 项。

表 1-7　沙坡头保护区主要旅游开发建设项目

	景区	旅游开发建设项目名称	开始施工	施工结束	工程阶段	长度/m*	面积/m^{2*}
点型旅游开发建设项目	沙坡头南景区	东大门综合服务中心（含沙漠博物馆）		2008 年	运营期		34 980
		沙漠博物馆		2009 年	运营期		2 771
		南区北大门服务中心		2009 年	运营期		6 310
		缆车		2008 年	运营期	180	
		空中滑索		2008 年	运营期	500	
		沙漠扶梯		2011 年	运营期	165	

	景区	旅游开发建设项目名称	开始施工	施工结束	工程阶段	长度/m*	面积/m²*
点型旅游开发建设项目	沙坡头北景区	海市蜃楼（沙漠酒店）		2006 年 8 月	运营期		2 910
		大漠酒吧		2006 年	运营期		2 070
		大漠观海楼		2009 年	运营期		180
		大漠沙雕及北区服务中心		2008 年 8 月	运营期		11 870
		北区停车场		2008 年	运营期		13 410
		北区驼队安置区		2009 年	运营期		23 000
	湿地公园区	金沙岛别墅群		2009 年 9 月	运营期		296 704
		秀水岛度假区	2011 年		施工期		78 880
		腾格里湿地休闲度假区	2012 年		施工期		261 620
		腾格里湿地大门区		2010 年	运营期		49 840
		沙坡头固沙生态园		2006 年	运营期		359 070
	大漠边关景区	大漠边关赛马会		2012 年	运营期		77 300
		大漠边关龙宫湖大门区		2012 年	运营期		22 700
	九龙湾	沙坡头九龙湾风景区		2008 年	运营期		13 420
		沙坡头蒙古大营		2004 年 5 月	运营期		90 660
线型旅开发建设项目	沙坡头南景区	东大门—中央大道公路		2009 年 5 月	运营期	2 160	
		沙坡头南区公路		2007 年	运营期	920	
		沙坡头南区电瓶车道		2007 年	运营期	900	
	沙坡头北景区	北区驼队服务区道路		2009 年	运营期	510	
		大漠木质栈道		2009 年	运营期	458	
	湿地公园区	腾格里湿地公园环湖游道		2012 年	运营期	13 240	
		金沙岛公路	2012 年		施工期	3 720	
		秀水岛西岛环岛公路		2012 年	运营期	3 720	

* 表中旅游开发建设项目长度/面积均根据现场调查和遥感影像获取。这里的规模指的是截至 2012 年年底正在运营期或施工期的项目占地面积，而非项目批准的规划面积。

从表 1-7 中可以看出，沙坡头保护区旅游建设项目主要集中在 2009—2010 年，这期间项目迅速增多，面积迅速扩大。其中的原因主要有：国内旅游需求在近几年迅速增加，沙坡头南景区接待旅游人数增长很快，景区开始向北部扩展，同时刺激地方政府开发新的旅游景区，如腾格里湿地景区和龙宫湖景区等。此外，2008 年 10 月是宁夏回族自治区 50 周年大庆，很多项目也赶在此阶段快速建设并逐步开放。

从建设项目类型看，保护区内的旅游开发建设项目中，基础设施主要为道路；旅游设施中以娱乐性项目为主，而住宿和餐饮设施相对较少，这与保护区内的景区均距离中卫市很近、中卫市市区承接了住宿和餐饮服务功能有关（见图 1-2）。

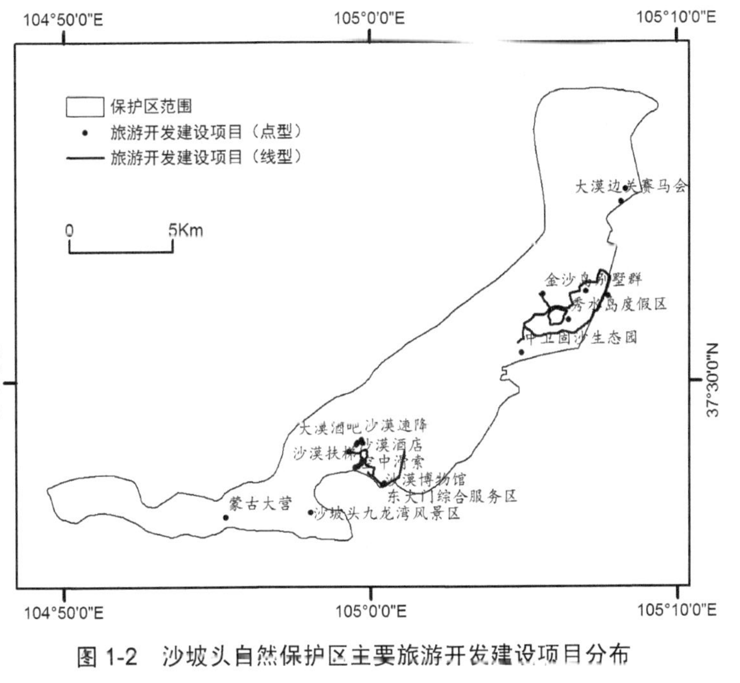

图 1-2　沙坡头自然保护区主要旅游开发建设项目分布

1.4.4　其他保护区建设项目和旅游活动

1．哈腾套海保护区旅游建设项目和旅游活动

哈腾套海国家级自然保护区位于内蒙古自治区巴彦淖尔市磴口县西北部的乌兰布和沙漠的东北缘，2005 年 7 月晋升为国家级自然保护区，总面积为

1 236 km^2。主要保护对象是荒漠植被生态系统和珍稀濒危野生动植物及其生存环境，属荒漠生态类型自然保护区。

哈腾套海自然保护区内旅游开发主要有两个景点：一是保护区南部的纳林湖景区，位于保护区实验区内；另一个是位于保护区北部狼山南侧的峡谷内的阿贵庙。目前重点开发的是纳林湖景区。

纳林湖景区属于典型的沙漠湖泊型景区。纳林湖是黄河故道形成的封闭湖泊，水源补给主要来自降水、地下水渗透和黄河水补给，以后者为主[11]。根据实地调查并结合 2013 年 1 月的遥感影像，纳林湖现开发的景区面积约 370 hm^2，占保护区总面积的 0.32%，占保护区实验区面积的 0.98%。湖泊大体呈南北走向其长约 5 km，以湖泊水体和水生生物为主要景观，具有旅游价值的水生生物主要包括占湖泊面积约 2/3 的芦苇湿地以及栖息于此的鸟类，鸟类中常见的有大天鹅、灰鹤、野鸭和骨顶鸡等。

纳林湖景区 2010 年左右开始开发建设，到 2012 年开始接待游客，目前具有基本的旅游接待设施。

景区依托纳林湖湖泊水体为核心旅游资源，在此基础上开发了诸多观光、游乐甚至度假项目。目前建设项目和游乐项目主要分布于纳林湖南侧护岸一带。主要项目包括：景区门区、游客接待中心、停车场、广场、码头、纳林湖度假宾馆、纳林湖商务酒店、大汗行宫餐饮住宿、湖滨综合服务中心及旅游商贸中心等。娱乐活动包括：水上飞伞、飞鱼、水上竹排、自驾游艇、摩托艇、滑草、滑沙、越野车基地、拓展射击场等（见表 1-8）。

表 1-8 哈腾套海自然保护区纳林湖景区主要旅游设施和活动

位置和地点	开发建设项目和旅游活动	主要活动
综合服务区	停车场 沙雕 游客中心建筑 湖岸公路	游客集散中心
湖南侧游客活动区	沙雕群 休息区与码头之间长廊 湖岸码头 码头凉亭	游憩； 观光

位置和地点	开发建设项目和旅游活动	主要活动
湖东侧沙漠游乐区	草棚凉亭 人工沙丘	滑沙； 滑草； 浴场
湖面	游船（运送游客至东西岸之间）	湖泊芦苇丛观赏； 观鸟

2．内蒙古巴丹吉林沙漠湖泊自治区级自然保护区

巴丹吉林沙漠湖泊自治区级自然保护区位于内蒙古自治区阿拉善右旗境内，保护区地理坐标为东经 101°40′～102°44′，北纬 39°26′～40°05′。该自然保护区始建于 1999 年并为旗级自然保护区，2003 年内蒙古自治区人民政府批准晋升为自治区级自然保护区。保护区总面积 717 060 hm^2，其中核心区面积为 241 733 hm^2（占总面积 33.7%），缓冲区面积为 29 161 hm^2（4.1%），实验区面积为 446 083 hm^2（62.2%）。保护对象主要为巴丹吉林沙漠湖泊和古生物化石。

巴丹吉林沙漠湖泊自然保护区范围大部分与阿拉善沙漠世界地质公园的巴丹吉林园区重叠。巴丹吉林沙漠内湖泊自 2005 开始成规模地组团旅游，开展以沙漠越野、高大沙山和沙漠湖泊景观欣赏等具有一定探险性质的旅游活动。总体来说，目前的旅游活动基本都在保护区的实验区以及保护区外围带进行。与其他沙漠旅游地不同的是，巴丹吉林沙漠湖泊自然保护区旅游景区是由分散分布的沙漠湖泊串联起来的湖泊群旅游线路，其中少部分设施和景区在保护区之外，其余大部分湖泊和线路位于保护区的实验区范围内。

与前述沙坡头和纳林湖不同的是，巴丹吉林沙漠湖泊旅游以长途移动观景和越野体验、湖泊定点观赏和摄影等活动为主，缺少集中且成规模的旅游综合体，这是由其旅游吸引物空间分布所导致的（见表 1-9）。

表 1-9　巴丹吉林沙漠湖泊自然保护区主要旅游设施和活动

位置和地点	开发建设项目和旅游活动	主要旅游活动
游客服务中心 （保护区之外）	地质公园博物馆 停车场 加油站	集散中心 观景、探险
	游客服务中心—巴丹湖公路	

位置和地点	开发建设项目和旅游活动	主要旅游活动
巴丹湖接待中心	餐饮中心 蒙古包 栈道	观湖、餐饮、住宿、购物等
诺尔图	牧民家庭接待点 蒙古包 宾馆（3 层，未运营）	观湖、餐饮、住宿
苏木吉林（庙海子）	牧民家庭接待点 蒙古包	观湖、餐饮、住宿
宝日陶勒盖	蒙古包 垂钓和游泳人工塘	

第 2 章　干旱沙漠区旅游开发对植被的影响

国外在关于旅游对干旱区植被影响方面的研究大致上可以归结为两大类：一是游客踩踏对植被的破坏，二是汽车碾压对荒漠植被的影响，而且尤其以后者的研究居多，这与国外特别是北美在沙漠地区开展旅游的活动类型密切相关的。1795 年 Stillingfleet 关于英格兰被践踏游径上植物生存状况差异性研究[12]，美国的 David Cole 在过去 20 多年内都一直引领旅游生态学方面的研究[13, 14]。而对汽车碾压对荒漠植被的影响方面的研究较多。

如 1983 年 Webb 主编的《Environmental effects of off-road vehicles. Impacts and management in arid regions》[15]文集中将越野车对植被、土壤和动物的影响方面研究进行了整理，属于面向干旱区的比较系统完整的归纳。Priskin 在 2003 年使用遥感影像分析发现了澳大利亚西部沙漠海岸旅游和娱乐活动对海岸沙漠植被等的影响，发现越野车碾压路径长度、密度等参数在经过 33 年的旅游发展后增加了一倍[16]。此外，Weber 在 2013 年针对沙漠等极端环境下开展旅游业的挑战，提出了有针对性的绿色建筑准则、太阳能利用、反渗透技术、干旱区缺水环境的水资源管理等实践方案和技术，以及当地民族社区反对大众旅游和非本民族进入的文化冲突现象[17]。

国内对旅游对植被影响方面的研究很多，特别是针对森林类的研究居多[18-20]，但针对干旱荒漠区域的旅游植被影响研究还比较少，李陇堂团队近些年对沙漠旅游容量、生态环境影响等开展了较多研究[21-23]，其中也涉及旅游对沙漠植被的影响[23]。在人类活动对植被影响程度方面，有一个容易被忽视的现象就是影响程度与人类活动使用量之间并不是简单的线型关系，其关系因植被类型存在差异，但总体上呈现出类似于底数大于 1 的指数函数曲线，抵抗力强的植被的曲线低于抵抗力弱的[24]（见图 2-1）。

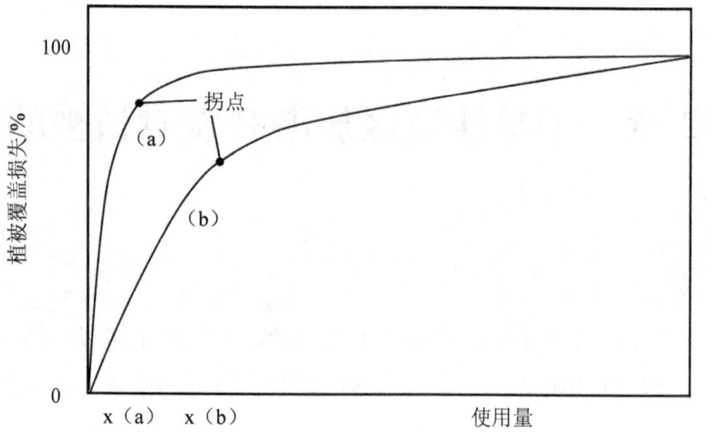

（a）脆弱植被类型；（b）抵抗力较强植被类型

图 2-1 使用量与植被覆盖损失率的关系示意[24]

在干旱荒（沙）漠区，植被的重要性不言而喻，既是作为具有防风固沙的重要自然屏障，也是荒漠动物栖息之所，植物及植被是荒漠生态系统中最为重要的有机要素，其向人类提供了诸多生态系统服务，包括防风固沙、水土保持、旅游和娱乐场所等。

一般认为，在旅游行为导致的环境要素变化中，植被所受到的影响是最为明显的[25]。旅游对干旱沙漠区的植被影响通过植物物种及群落及其生境的改变而直接表征，也可以通过土地用地类型间接表达。

一是土地用地类型变化。旅游开发中的基础设施和游客接待建设中，在施工期会将原有的植被、湿地、流动沙丘等直接转变为建设用地，使得原有的自然植物群落以及动物栖息地发生变化。根据水土保持相关要求，在建设项目施工期和运营期，会采取人工措施进行植被保护和植被恢复等工程，但人工恢复植被无论如何也不可能恢复到原来的自然群落状态[15]。

二是保护物种面临威胁。旅游开发建设中可能会将自然保护区内的重点保护植物清除。一般来说，重点保护植物位于自然保护区的核心区和缓冲区，该区域不允许旅游活动进入，但有些保护植物在允许旅游活动的实验区也有分布，旅游开发建设活动也有可能导致保护植物被清除，使得自然保护区的保护作用减弱。

三是人工栽植的非土著植物可能产生物种入侵。旅游开发中为了绿化旅游设置周边环境或者为了美化旅游环境，经常引种园林植物、花卉等干旱区自然环境中不存在的非本地物种，这些物种产生的结果可能是很复杂且短期内还难以辨识。

2.1 旅游开发与土地覆被变化

自然保护区理应少有人类活动的存在，但由于历史原因、当地居民生产生活需求和生态环境建设行为的增加，自然保护区内普遍存在着人类活动是事实。荒漠类型自然保护区受人类活动的冲击也是比较明显的，如本研究中的沙坡头自然保护区是一个以人工植被和自然植被相结合的特殊自然保护区，在人工生态工程、旅游开发、农业生产等活动共同作用下，其土地覆被类型由比较单一的自然植被逐渐演变为自然植被与人工植被混合分布的空间分布情形，人工植被包括诸如人工林、人工草地、栽培作物（耕地）等，土地覆被逐渐发生明显的变化。

自然保护区内人类活动存在的法律依据目前仍然比较模糊，特别是缺少明确细致的规定。作为自然保护区，按规定须尽量减少人类活动，包括尽量少有永久性建筑等设施。《中华人民共和国自然保护区条例》第三十二条："在自然保护区的核心区和缓冲区内，不得建设任何生产设施。在自然保护区的实验区内，不得建设污染环境、破坏资源或者景观的生产设施；建设其他项目，其污染物排放不得超过国家和地方规定的污染物排放标准。在自然保护区的实验区内已经建成的设施，其污染物排放超过国家和地方规定的排放标准的，应当限期治理；造成损害的，必须采取补救措施。"条例中隐含的意思是在自然保护区的实验区内可以建设排放达标且不破坏资源和景观的设施，这就为自然保护区内发展旅游提供了法律基础。但现实中遇到的问题是：达标排放可以通过技术得以实现，而不破坏资源和不破坏景观的规定却往往难以衡量。例如自然保护区实验区内进行旅游设施建设时，首先遭到破坏的就是植被，在道路和接待设施建设中，植被往往被彻底铲除，这种现象是否属于资源破坏？而景观破坏更难以明确，多大规模的设施属于对景观造成破坏？这些问题目前似乎没有明确的答案。但我们可以首先从自然保护区土地覆被现状出发来描述保护区内人类建设设施规模，从规模上初步判断可能的影响。

自然保护区土地覆被类型划分可依据我国林业部门行业标准《自然保护区土地覆被类型划分》（LY/T 1725—2008），该标准中将自然保护区土地覆被类型划分为三级，分别为一级（土地覆被组）、二级（土地覆被类组）和三级（土地覆被型）。其中一级包括自然植被、人工植被和无植被三类，二级包含 22 个类别。

根据此行业标准并结合地域特点，这里对沙坡头自然保护区 2011 年的土地覆被类型按照二级进行了分类并图示（见图 2-2），由于沙坡头自然保护区属于人工与自然植被并重，这里在选取标准中二级类别名称时，增加了草地、用材林和防护林三种类别。

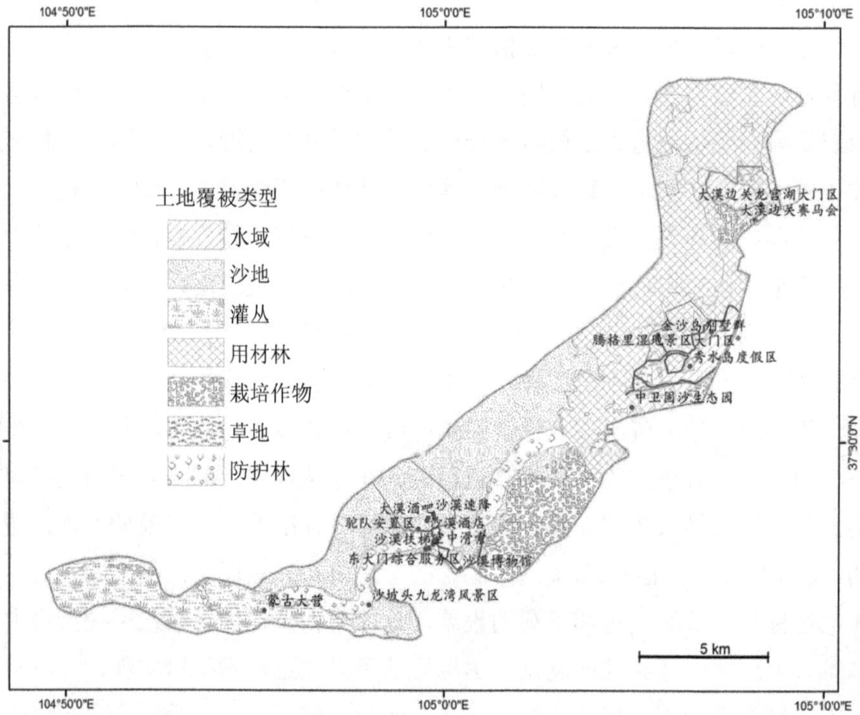

注：深色点状符号和线条为旅游景点和线路。

图 2-2　沙坡头保护区 2011 年土地覆被类型及旅游建设项目分布

由于自然保护区内的人工设施大多为线状或点状，无法在图中按照实际面积表达，采用了宽度不按比例尺的线状符号表达。人工建设设施属于“无植被”（一级：土地覆被组）中“其他土地”（二级：土地覆被类组）中的“交通用地、居民点用地和其他用地”（三级：土地覆被型），其中，“交通用地”是指居民点除外，用于运输、通行的地面线路、场站及其附属设施用地；“居民点用地”包括工业、民用建筑用地等的居民点用地；“其他用地”是指除以上地类以外的用地，包括生态旅游设施用地。

沙坡头保护区内没有常住居民点，建设类型用地主要涉及保护区管护设施和旅游设施。而旅游设施主要是道路系统和接待设施。从保护区全域宏观来看旅游设施用地占用面积很小，具体占地面积在前面已经述及。

因此从局域尺度来观察旅游开发引致的土地覆被变化相对要清晰些。在沙漠自然保护区，旅游活动一般发生在流动沙丘区域、固定或半固定沙地以及沙漠湖泊湿地区域，这三类区域的在旅游驱动下发生的变化存在明显差异。按照《自然保护区土地覆被类型划分》（LY/T 1725—2008）对沙地按照植被覆盖度的分类，流动沙地指植被覆盖度＜10%、半固定沙地为 10%～29%，固定沙地为≥30%，不包括水系中的沙滩。

下面以沙坡头自然保护区为例，对保护区内不同类型覆盖度，旅游开发驱动下体现出的变化进行分析。

2.1.1　固定、半固定沙地土地覆被变化

固定或半固定沙丘以旱生灌木和草本植物为主，植物多刺且观赏价值较低，一般不作为旅游的区域，旅游驱动下的改变更多发生于交通和各类设施的修建过程中，导致此类土地变为建设用地。大部分原有植被一般会被彻底清除，新的设施修建后可能会有部分绿化和植被恢复措施。

例如沙坡头北景区停车场的修建（见图 2-3），项目施工前该区域为人工灌木林地，改扩建为北景区门区和停车场后，大部分用地变为以混凝土地面，小部分地块绿化为草地，总体上是由固定沙地变为建设用地。客观上改变了保护区植被带的宽度，可能会对防风固沙效果产生影响。

注：深色框线内面积 2.7 hm^2，左图为 2009 年 3 月，右图 2013 年 1 月。影像来源：谷歌地球。

图 2-3 沙坡头北景区停车场建设前后土地覆被变化

此外，旅游开发活动的开展可以阻止沙漠区植被自然或人工恢复，形成植被恢复区的飞地。例如沙坡头南景区开发较早的滑沙区——位于靠近黄河边的沙坡头南景区，与其处于相同自然环境（黄河岸坡）的非旅游景区进行对比，可发现两个区域的植被覆盖具有明显差异（见图 2-4 和表 2-1）。图中左侧为非旅游活动区域，天然植被主要为稀疏的草本为主，间有人工栽植的灌木。而在旅游活动区，陡坡的滑沙区只有零星分布的一年生草本植物，其下部邻近黄河的平缓地段由于黄河水侧渗而生长有较为高大的沙枣树。

图 2-4 沙坡头南景区旅游开发区（右）与非开发区（左）影像对比

表 2-1　沙坡头保护区内沙坡头南景区旅游开发区与非开发区特征对比

		旅游景区	非旅游景区
地形		黄河北岸岸坡，河流凹岸；坡度 40%左右	
沙丘类型		流动沙丘	半固定沙地
沙坡	天然植物	沙米 碟果虫实	杠柳、沙木蓼、沙生针茅、油蒿、籽蒿、沙米、刺蓬、碟果虫实、狗尾草、沙鞭、拐轴鸦葱
	人工栽培	无	花棒、沙拐枣
	覆盖度	裸沙丘	10%～15%
坡麓		有人工护岸，沙坡坡底平缓，地下水位高，人工种植有乔木，包括沙枣、刺槐、樟子松等	坡底无缓麓，为河流自然侵蚀陡岸
旅游活动		滑沙、游客自由活动、骑马	限制游客进入，但偶有人进入

由此可见，在较陡的沙坡上植被经过自然演化或人工干预，会形成一定覆盖度的固定或半固定沙地。如果在这类地形条件中开发旅游活动，则很会导致地表植被几乎丧失殆尽，仅在游客少去的区域零星分布的沙米和刺蓬等草本植物。

沙坡地区的天然植被在旅游开发影响下难以恢复，但景区建设中人工栽植植物，如乔木类的沙枣、樟子松、刺槐等在水分条件好的情况可以得以生存，但从数量规模上来看属于小范围的景观改善，对整个保护区不能产生明显的生态影响。如沙坡头南景区，通过遥感影像发现在 2007—2013 年有数据观察阶段，该区域的土地用地类型变化很微弱（见图 2-5），虽然根据调查发现该区域人工植被有所增加。

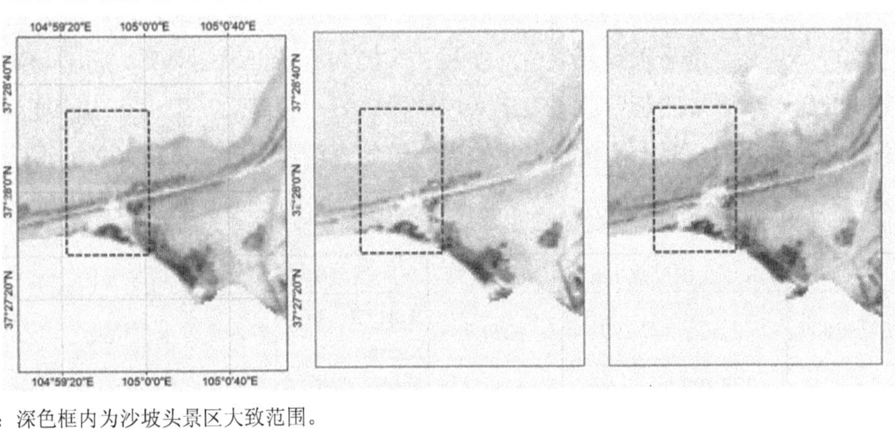

注：深色框内为沙坡头景区大致范围。

图 2-5　沙坡头南北两景区 2007 年、2009 年和 2011 年植被覆盖变化

2.1.2 流动沙丘区域土地覆被变化

相对固定和半固定沙地来说，流动沙丘的植被十分稀少且呈零散分布并在局地呈现集中分布，植被多生长于沙丘背风坡的丘间低地，旅游建设或旅游活动对此类区域的覆被影响实际上不太明显，主要表现为局部植被的覆盖和清除。如沙坡头北景区，即沙坡头保护区包兰铁路以北的流动沙丘区域。在未开发旅游的区域，植被主要生长在沙丘背风坡丘间低地，主要有沙米、碟果虫实、沙芥、百花蒿、籽蒿及花棒等，覆盖度仅1%～2%。而在有旅游活动的区域，由于修建接待设施而平整沙丘、加之车辆碾压、骆驼和游人踩踏，在旅游活动区域几乎见不到植物。

2.1.3 沙漠湖泊湿地土地覆被变化

很多荒漠类型自然保护区内分布有湿地或湖泊。如沙坡头保护区的高墩湖、马场湖和小湖以及众多零星分布的鱼塘和水塘，巴丹吉林沙漠内多达 140 多个沙漠湖泊[26]、腾格里沙漠众多的湖泊和湖盆草滩[27]等、乌兰布和沙漠东部的沙漠湖泊和湿地。从目前荒漠自然保护区已开发旅游活动来看，沙漠湖泊或湿地大多被作为吸引游客的重要资源组成部分，甚至作为核心吸引物。

为了便于游客进入、游客观赏、游客参与旅游项目，旅游开发中会对沙漠湖泊湿地上进行改变，主要表现为增加人工设施建设和土地用地类型转换。例如沙坡头保护区内的马场湖和高墩湖，2007 年之前高墩湖和马场湖是两个独立的湖泊，2008 年之后，由于退渔还湖生态工程的实施和旅游开发的需要，将马场湖和高墩湖以及周边原来的鱼塘通过人工开挖连通成为一个湖泊，现称之为沙坡头腾格里沙漠湿地公园。其土地覆被发生较为明显的变化（见表 2-2 和图 2-6）。

表 2-2 腾格里湿地公园 2007—2011 年土地用地类型转变

年份	水体面积变化/hm^2	变化率/%	土地类型转变	植被变化
2007—2009	99.89～377.299	+277.7	荒漠+鱼塘+湿地→湖泊	灌木↓，水生植物↑
2009—2011	377.299～419.65	+11.22	荒漠→湖泊	灌木↓，水生植物↑，乔木↑
数据来源	遥感		实地调查和文献整理	实地调查和文献整理

注：表中↑表示增加；↓表示减少。

图 2-6　腾格里湿地公园 2007 年、2009 年和 2011 年土地覆被变化

腾格里湿地公园的土地用地类型发生明显变化的主要原因是保护区内实行的“退渔还湖”生态建设项目，这其中也叠加了旅游开发的间接因素。该生态建设项目通过对马场湖和高墩湖南侧的鱼塘改造为湖泊（见表 2-2），同时在湖泊水域范围内保留了面积大小不等（2 000 m^2～0.5 km^2）的岛屿，这些小岛为鸟类提供了不受游人直接干扰的栖息地。

水域面积扩展的直接后果就是原来的鱼塘、湿地和荒漠面积减小，特别是沙生植物和防风林面积减小，降低保护区防风固沙能力。但后期的人工补种防风林和固沙植物在一定程度上弥补上述损失。在图 2-6 中我们可以看到 2007 年和 2011 年在腾格里湿地公园西北方向（上风向）人工栽植了人工防风林区，面积为 9 km^2。

2.2　旅游开发建设项目对植被的影响

旅游开发建设项目从空间占用形态上可以分为线型和点型两种，线型建设项目主要包括景区公路、景区修建步行道和游客自由游道等。点型建设项目指各种点状项目或其聚集在某一地块的各点状项目群组成的区域。

2.2.1　公路修建对植被影响

公路是指连接景区与外部城市之间的通道，即由保护区外的城市延伸进保护区并连接到保护区内的景区大门停车场的公路。自然保护区的旅游景区内部公路一般连接保护区和外部主干道或城市的道路，公路在保护区一端常常为景区的接待中心或者门票销售处的停车场，此类公路建设常涉及保护区的实验区，但一般不允许进入保护区的缓冲区和核心区内。

公路建设的施工过程中对植被最直接的影响表现在将植被彻底清除，直接导致保护区内植物数量减少，而且也有可能直接触及需要重点保护的植物物种。公路作为线状设施，从保护区宏观角度看，其占用的空间总面积相对较少，例如以沙坡头保护区为例，根据调查和影像资料分析，发现道路所占面积仅占保护区总面积约 0.1%（见表 2-3）。

表 2-3　沙坡头保护区范围内各类道路规模

景区	线型项目名称	工程阶段	长度/m	平均宽度/m	占地面积/m²
沙坡头南景区	东大门—中央大道公路	运营期	2 160	15	32 400
	沙坡头南区公路	运营期	920	6	5 520
	沙坡头南区电瓶车道	运营期	900	8	7 200
	沙漠扶梯	运营期	165	5	825
沙坡头北景区	北区驼队服务区道路	运营期	510	4	2 040
	大漠木质栈道	运营期	458	2	916
腾格里湿地公园区	腾格里湿地公园环湖游道	运营期	13 240	5	66 200
	金沙岛公路	施工期	3 720	5	18 600
	秀水岛西岛环岛公路	运营期	3 720	5	18 600
		—	25 793	—	152 301

注：在调查和统计中，可以直接利用线型项目长度与宽度的乘积代表植被被损失的面积。线型长度利用手持 GPS 配合遥感影像来量算获得，宽度通过实地测量并计算平均值（单位：m）获取，然后计算项目占地面积。沙坡头保护区线型开发建设项目占用保护区的比例 =（152 301 m^2/14 043 hm^2）×100%=0.1%。

道路建设项目对植被影响最为强烈的阶段为施工期。道路建设项目在施工期的路基开挖、堆土、回填、施工便道修建、临时料场开辟等行为将施工区的植被全面掩埋或者直接清除。虽然在道路的施工期后，对施工便道、临时料场等区域可以采取植被恢复的措施，但这种恢复一般通过种植单一物种植物达到恢复植被覆盖的结果，但原来的植物群落短期内很难恢复。学者们通过美国西部干旱半干旱区的研究表明，被破坏的荒漠植被通过自然状态完全恢复需要几百年甚至上千年的时间[28]。

道路开发建设项目中，路基开挖和回填工程将彻底毁坏植被，施工便道车辆碾压也导致植被彻底毁坏。但在工程运营期开始后，通过恢复措施后，植被可以得到一定程度的恢复。例如沙坡头北景区内电瓶车道的公路开发建设施工前、施工期及运营期的遥感影像对比（见图 2-7）。

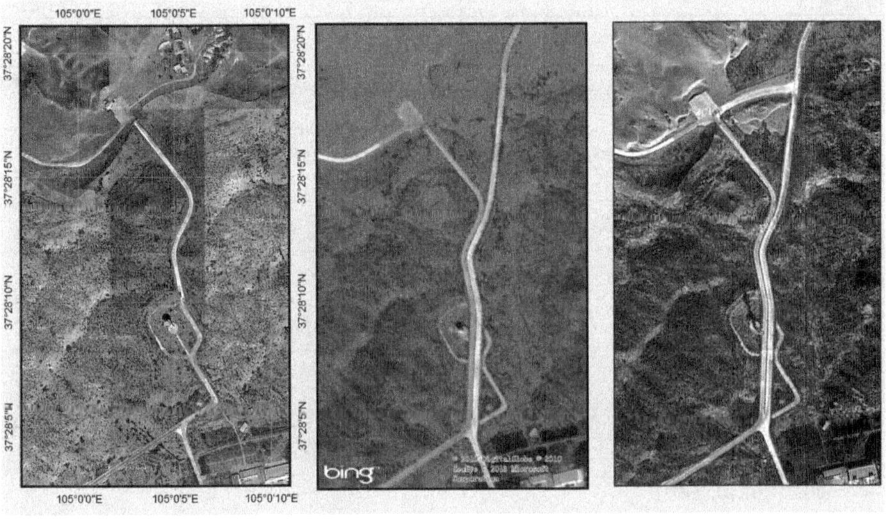

左图：2009 年 4 月，施工前；中图：2010 年 8 月，主体工程东侧长约 600 m，平均宽度 25 m 的施工便道，与便道两侧植被对比观察发现植被破坏比较严重且沙地裸露；右图：2013 年 1 月，施工便道植被与两侧对比观察，发现已基本恢复。

图 2-7　保护区道路建设项目施工前、施工后及运营期植被对比

图 2-7 中左图是该区域 2009 年 4 月的遥感影像，影像中白色线条为 2009 年之前修建的景区专用车道（电瓶车道），宽 5 m，连接北景区停车场与北景区沙漠娱乐区的道路，南北向跨越保护区的核心区。中间的遥感影像图显示的是 2010 年 8 月景区专用道扩建为双向两车道的情景，在原专用道东侧新修建了宽 6 m 的专用道用于电瓶车上行，原来的专用道用于电瓶车下行。此图中，我们可以看到在专用道东侧约 40 m 处一条南北向的无植被条带，此为北景区温室及沙漠玫瑰酒店电力和供水管道埋设路线。可以看出植被已经被明显地剔除。右图是 2013 年 1 月的遥感影像，可以看出原来被破坏的植被已经得到较好地恢复，经过现场调查（2013 年 10 月）发现，该条带经过人工生态恢复措施后，虽然没有恢复到

与周边对照区同样的植被覆盖水平，但发现有沙米、油蒿等先锋植物长势良好，人工栽植的花棒也正常成活，地表结皮尚未形成（见表 2-4）。

表 2-4 沙坡头保护区旅游线型开发建设项目对植被影响定性评估

线型开发建设项目	工程阶段	施工活动	植被影响程度描述	影响程度定性评估*
道路建设	施工期	路基开挖	路基地段植完全清除	严重
		施工便道	便道地段植被被施工车辆碾压而几乎全部破坏，结皮完全破碎	严重
		临时料场	料场平整时将植被完全清除	严重
	运营期	尾气排放	轻微影响	轻微
游道建设（木质栈道）	运营期		两侧有护栏：基本无直接影响	无
			两侧无护栏：游客对路边植被践踏	中等

* 影响程度划分为 5 级：无、轻微、中等、较严重、严重。

2.2.2 游步道建设

游步道一般分为两类：一种是规范化的游道，即按照规划和设计修建栈道、铺地小径或使用篱笆隔离出来的指定的游道；另一种是没有任何规范措施，由游客随意踩踏出来的道路。

规范化的游道是为了既能提供游客通行和欣赏风景的目的，同时又限制游客随意进入保护区域的一种强制性措施，也是国内外大多数景区内游道上采取的常规做法。例如，沙坡头景区北景区的木栈道是连接北景区大门停车场和流动沙丘娱乐区域的步行道，该栈道南北向纵穿保护区荒漠灌丛区，栈道两侧修建了防护栅栏（见图 2-8），既防止游人越出栈道踩踏植被，也可以体会到治沙工程的成效。栈道大部分路段采用悬空的方式修建，一定程度上避免了对沿线植物的直接破坏。

左图：木质栈道位置图，横穿荒漠灌丛区，连接景区停车场与流动沙漠边缘；右图：实地照片显示木栈道两侧修建有 60 cm 高的栅栏。

图 2-8　保护区旅游跨越核心区的木质栈道

没有围栏的游道有两种情况：一种是在流动沙丘里游客的随意走动形成的游道，实际上流动沙丘很难形成固定的线路，由于流动沙丘植被十分稀少，游道对植物影响并不明显；另一种是固定半固定沙地中，有比较明确的线路，在没有围栏的情况下，游道两侧踩踏范围在 1.5 m 以内，踩踏和碾压影响明显（见表 2-5）。

表 2-5　沙坡头保护区景区游步道两侧植被受影响范围

游步道位置	围护情况	路面宽度/m	踩踏/碾压宽度（平均值）/m	备注
沙坡头北景区木栈道	两侧有栅栏	1.8	0.76	栅栏高 60 cm
腾格里湿地沿岸车人两用道	无栅栏	5	1.10	
腾格里湿地大门北侧游客踩踏出的道路	无栅栏	平均 0.8	0.81	
沙坡头北景区电瓶车道	部分有栅栏	14	1.42	部分有栅栏，高 30 cm
金沙岛公路	无栅栏	5	0.33	

2.2.3 点型开发建设项目对植被的影响

点型开发建设项目是指建设项目比较集中地分布在某单一地块的项目。点型开发建设项目对植被影响主要来自其不同特征的施工行为，主要包括施工期场地开挖和平整、主体工程开挖、弃渣、施工便道、土石料临时堆放等行为对场地及其附近植被的直接或间接影响。

点型旅游开发建设项目，在施工期，最直接的影响是对保护区自然及人工植被的强烈扰动，植被被剔除、下层沙土外露。而在项目的运营期内，主要表现在建设项目中永久性设施继续占用原有的草地或林地，无法恢复为原植被，也就使该保护区内防风固沙功能被减弱，此类设施包括景区管理中心、停车场、娱乐和住宿设施等。但相对施工期而言，建设项目进入运营期后，除永久性设施占用土地外，其余在施工期占用的土地可以采取一定的人工恢复植被的措施。

点型开发建设线型开发建设项目对植被覆盖影响可用项目施工期、运营期占用面积与保护区总面积比来衡量。例如，沙坡头保护区截至 2012 年年底的旅游开发建设项目占用植被的情况（见表 2-6）。主要工程项目共占用植被面积 343 hm^2，占保护区面积约 2.5%。

表 2-6 沙坡头点型旅游开发建设项目植被占用及用地类型转变

景区（点）	原植被类型	旅游开发建设项目内容	面积/m^2
九龙湾	荒漠灌丛	旅游接待中心和景点内道路	5 238
九龙湾	沙漠	旅游接待中心和停车场	11 977
北景区	沙漠	酒店、酒吧和娱乐类旅游项目	118 753
北景区	防风林带	景点服务中心及停车场	23 522
南景区	林地	景点服务中心及停车场	35 437
金沙岛	荒漠灌丛	度假酒店和娱乐	41 281
金沙岛	荒漠灌丛	景观水域	83 636
腾格里湿地	鱼塘	湖泊	3 133 281
合计			3 453 125

根据现场调查和遥感影像解译发现，点型开发建设项目在施工期开始后，原始的植被覆盖基本被剔除，施工是在裸露的沙地上进行。但是同时注意到，项目建设主体工程结束后，为了美化和绿化环境，一般都会进行植被人工恢复工作，当然也包括自然恢复工作。例如，沙坡头保护区内高墩湖东侧的度假区建设（见图 2-9）。

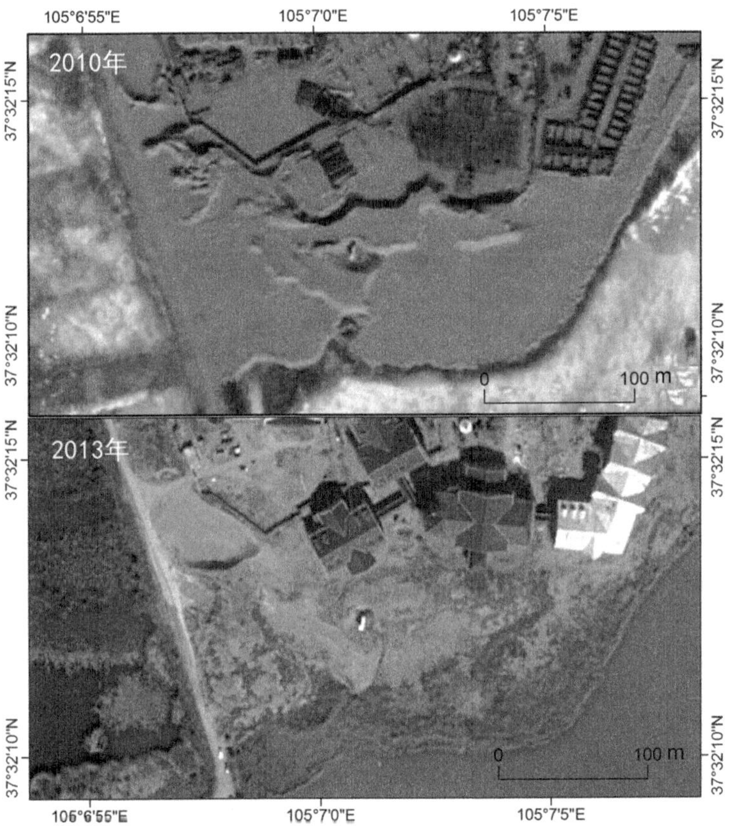

上图为 2011 年该度假区开发建设的施工过程中项目区内植被大部分被剔除或掩埋，沙土裸露。下图为主体工程建设结束后，部分区域植被得到自然恢复。

图 2-9　腾格里湿地休闲度假区施工前后植被扰动及恢复影像对比

由于度假区建设包括除了住宿功能外，还提供餐饮、休闲和康体类活动，因此其占地面积相对较大，施工中对植被影响较为明显，但在运营期一般都会采取绿化和美化修饰，种植一些园林类植物，这种行为至少从植被覆盖度角度看是积极的。例如沙坡头保护区腾格里湿地的金沙岛度假区，结合遥感影像和现场调查，发现2009—2012年底本度假项目开发首先是对原来流动沙丘、半固定沙丘的基础上进行了改造，出现人工湖泊和人工栽培植物，项目占地0.3 km^2。2010年从影像资料分析该区域全部为流动沙丘和半固定沙丘，植被覆盖率几乎为零；到2014年，项目基本建成后并在人工绿化和美化后，有植被区域占到约1/2。

2.3 游客旅游活动对植被的影响

根据目前干旱沙漠区开展的旅游活动情况来看，现存旅游活动按类型可以大致分为景观观光型、娱乐活动型和度假型三种。旅游活动对植被的影响方式和结果各有差异。

2.3.1 观光型旅游活动

观光型旅游活动是指在旅游过程中游客以欣赏自然或人文景观为主要行为特征的旅游活动类型。长期以来观光型旅游活动在我国一直占据主要地位，但随着游客对参与式体验需求的增加，观光型旅游活动的比例正在降低。从旅游生态影响角度看，观光型旅游活动对自然生态环境影响相对是最小的。游客观光活动一般不会对观赏对象产生直接接触并导致明显的负面影响，其影响主要表现在游步道两侧植被被游客踩踏及对土壤理化性质（紧实度等）产生一定的影响。

例如沙坡头保护区旅游开发区内，观光型旅游活动采取游道引导的措施，既保护了周边环境，同时也不影响游客的观赏体验。在没有采取围栏措施的沿线，观光型活动对植物主要是践踏破坏行为。举例来看，沙坡头北景区木质栈道两侧的木质栅栏（见图2-8）有效地保护了两侧植被免遭踩踏。而在腾格里湿地公园环湖道路未设置限制性工程措施，环湖路除了游客步行外，还运行观光电瓶车，且没有专门的游客避让区，游客对道路附近的植被踩踏导致植被稀疏或矮小（见图2-10和图2-11）。

注：深色虚线右侧与道路之间为影响区，虚线左侧为未影响区。

图 2-10　腾格里湿地公园环湖道路边缘游客踩踏对植被的影响

左图：内蒙古月亮湖边游客踩踏后的芦苇丛；右图：腾格里湿地公园湖边游客踩踏出的小径。

图 2-11　游客踩踏对植被的影响

游客对游道植被影响一般通过对照法分析。通过对若干游客踩踏样地进行植被样方调查（这里主要采用沿道路进行的样线调查），发现游客的踩踏行为对植被的影响十分明显（见表 2-7）。这里以沙坡头南景区滑沙区和腾格里湖岸边的游道沿线植被受损情况进行简要的调查分析，发现与对照区相比，南景区流动沙丘的滑沙活动和游客往复的步行行为直接导致本来就稀少的草本植物（如沙蓬）几乎彻底消失。而在腾格里湖景区道路两侧，车辆碾压和行人踩踏导致植物的平均高度只有对照区的 37.5%左右，盖度下降 40%；在没有固定游道沿线游客自由踩踏的湖岸边发现，与对照区相比植物被踩踏而倾倒致使植物平均高度降低了 77%左右，盖度下降了 70%。

表 2-7 观光型旅游中游客踩踏对植物影响对比分析

样方地	群落类型	特征（均值）	对照区	干扰区	干扰区宽度
沙坡头南区	沙米群落	高度	58 cm	无（沙丘）	
		盖度	20%	无（沙丘）	
腾格里湿地公园环湖车道旁	苜蓿群落	高度①	64 cm	24 cm	5 m
		盖度	50%	10%	
马场湖岸边	芦苇群落	高度②	79.9 cm	26.9 cm	3～10 m
		盖度	100%	30%	

注：①对照区与干扰区配对样本 t 检验：$p=0.003<0.05$；
②对照区与干扰区配对样本 t 检验：$p=0.000<0.05$。

2.3.2 娱乐型旅游活动对植物的影响

干旱沙漠区的旅游开发中，主要旅游项目为娱乐活动，而且通过观察发现大多数沙漠旅游景区的娱乐活动十分相似，常见的娱乐活动包括滑沙、各类越野型车辆翻越沙丘、骆驼乘骑、沙滩体育项目如排球等。

沙坡头保护区的这类旅游娱乐活动发生在流动沙丘区，对植物的影响主要表现为对本来就稀疏且零星分布的沙生植物的直接破坏。但在该区域我们调查中发现的植物种类很少，如沙坡头南景区滑沙区主要生长有固沙先锋类植物如沙蓬 *Agriophyllum squarrosum*、雾冰藜 *Bassia dasyphylla* 等，北景区发现高度达 3 m 的花棒 *Hedysarum scoparium* 和沙木蓼 *Atraphaxis frutescens* 等（见表 2-8）。在娱乐活动区原有稀疏植被大部分被车辆碾压或车辆翻起的流沙覆盖，但在沙丘背风坡洼地一带车辆和游人很少到达的区域植物尚存。总体来说，虽然娱乐活动会导致物种减少，但对整个生态系统的物种结构影响较小。

表 2-8　沙坡头南北景区流动沙丘区域零星分布的植物

娱乐区域	零星分布的植物	说明
沙坡头南景区滑沙区	沙蓬 *Agriophyllum squarrosum* 雾冰藜 *Bassia dasyphylla*	零星片状，主要分布在沙丘较陡（约 30°以上）游客难以攀爬地段
沙坡头北景区流动沙丘区	花棒 *Hedysarum scoparium* 沙木蓼 *Atraphaxis frutescens*	零星分布在未受游人踩踏和车辆碾压的沙丘背风坡

游客活动的影响表现为在旅游旺季（5—10 月）对沙丘微地貌的改变，但在旅游淡季时（11 月至来年 4 月）在强风力作用下基本可以恢复原貌。

2.3.3　度假型旅游活动对植物的影响

度假型旅游活动主要是游客基于固定的度假接待设施及其附属设施从事休息、餐饮和康体类活动，而度假所依赖的观光和娱乐等旅游活动则会选择景区内相应的项目。

在度假项目运营期时，度假区内的旅游活动以室内活动为主，度假活动对度假区自然植被影响较小。因为度假项目运营期游客活动范围较小，因而对植物的直接影响较小。此外，运营期内度假区一般会进行周边绿化和美化，人工种植大量的乔木、灌木以及花卉植物等，这些绿化美化工作中可能会引入大量非本地植物并讲而产生负面生态环境效应（见本节关于物种多样性影响）。涉及此类度假的项目，例如有沙坡头保护区内的金沙岛度假区、内蒙古阿拉善左旗境内腾格里沙漠月亮湖度假区、内蒙古乌兰布和沙漠哈腾套海自然保护区的纳林湖度假区等。

2.4　旅游开发对珍稀保护植物和物种多样性的影响

自然保护区的重要功能之一是保护具有本地、区域乃至全球意义的珍稀濒危等特殊物种。国家重点保护植物、我国特有属植物、地区级特有植物和珍稀植物均为自然保护区重要的保护目标。一般来说，在划定自然保护区时，重要的需要特别保护的植物物种划入核心区或者缓冲区内。但可能会由于其他原因而在保护区实验区乃至保护区外围零星分布有特殊保护植物。

正如前面所述，旅游开发中的建设项目和游客旅游活动不可避免地对保护区植被造成破坏。但是对于保护区来说，包括旅游活动在内的人类活动对植物的影响的最低限度是要保护好保护区设立时的最初目标——重要物种的保护。旅游开发中要尽量避免破坏这些重点保护物种。

2.4.1 旅游开发对保护区重点保护植物的影响

以沙坡头保护区为例，该保护区的特有植物见表 2-9。不同的保护植物物种因生境差异而呈现空间分布差异，旅游开发建设和游客活动应避免在保护植物分布区进行，因此在生态影响评价中，可以基于生态调查资料基础上，将旅游开发空间分布与保护性植物的空间分布进行空间叠置分析（见图 2-12），从图中可以判断旅游建设项目和游客旅游活动的可能影响范围和对象，评价结果为旅游设施和旅游活动布局提供参考。

表 2-9 沙坡头保护区特有植物分布与旅游景区重叠性分析

<table>
<tr><th>类别</th><th colspan="2">特有植物</th><th>分布区域</th><th>是否与旅游景区重叠</th></tr>
<tr><td rowspan="3">国家重点保护植物</td><td colspan="2">国家二级：裸果木 Cymnocarpos przewalskii</td><td>孟家湾、窑沟石质山坡</td><td>否</td></tr>
<tr><td rowspan="2">国家三级</td><td>沙冬青 Ammopiptanthus mongolicus</td><td>定北墩、窑沟</td><td>否</td></tr>
<tr><td>胡杨 Populus euphratica</td><td>小湖、马场湖、沙坡头</td><td>是</td></tr>
<tr><td rowspan="2">保护区珍稀植物</td><td colspan="2">沙鞭 Psammochloa villosa（Trin.）Bor</td><td>定北墩、孟家湾山地</td><td>否</td></tr>
<tr><td colspan="2">斑子麻黄 Ephedra lepidosperma C.Y.Cheng</td><td>孟家湾车站西石质干山坡</td><td>否</td></tr>
<tr><td>我国特有植物</td><td colspan="2">百花蒿 Stilpnolepis centiflora（Maxim.）Krasch</td><td>保护区固定沙地、半流动沙丘地</td><td>是</td></tr>
<tr><td rowspan="2">阿拉善地区特有植物</td><td colspan="2">阿拉善碱蓬 Suaeda przewalskii Bunge</td><td>湖边、盐碱地、沙丘间地湿沙地</td><td>是</td></tr>
<tr><td colspan="2">宽叶水柏枝 Myricaria platyphylla</td><td>荒草原，沙坡头的沙地或沙丘基部</td><td>是</td></tr>
</table>

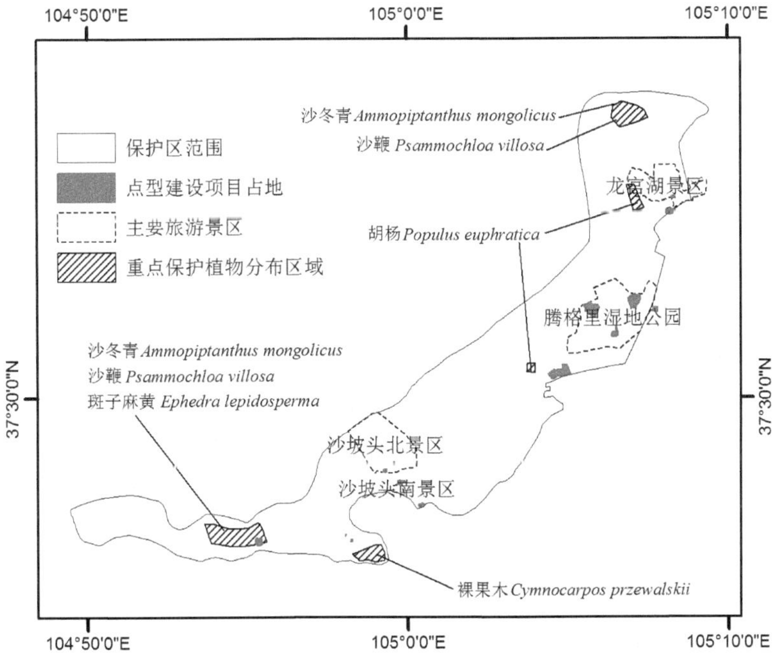

图 2-12　沙坡头保护区特有植物与旅游景区空间重叠分布

沙坡头保护区的实地调查中，我们发现裸果木（发现地：窑沟）、沙冬青（窑沟）、胡杨（荒草湖）、沙鞭（沙坡头）、斑子麻黄（孟家湾）、百花蒿（沙坡头）、阿拉善碱蓬（马场湖湿地）。其中生长区域位于旅游活动区内的保护植物有百花蒿和阿拉善碱蓬。虽然由于缺少资料无法判断旅游开发造成景区内保护植物的损失量，但旅游开发对保护植物的生存造成威胁应该是确定的。

2.4.2　旅游开发对保护区植物多样性的影响

生物多样性包括生态系统多样性、物种多样性和遗传多样性。干旱沙漠地区的旅游开发重点影响对象分析针对物种多样性。

对于干旱荒漠区，陈亚宁等认为广义的生态系统类型包括森林生态系统、草原生态系统、绿洲生态系统、湖泊湿地生态系统和荒漠生态系统[29]。从我国现有的荒漠类型自然保护区来看，每个保护区内大多存在多种类型的次级生态系统。而在已经开展的荒漠类型自然保护区内，一般以荒漠生态系统和湖泊湿地生态系统为主。旅游开发中主要依赖沙漠景观和湖泊湿地的水体景观，因而旅游开发可能对这两类生态系统产生影响。但一般来说不会导致某一种生态系统的消失。

物种多样性方面，荒漠地区的物种相对比较少，且就目前的调查发现，大多数的植物物种，如人工乔木、灌木和草本等的空间分布都比较广泛，而旅游开发项目一般占用较少的区域，一般不会导致物种的消失。

此外，旅游开发中往往为了景区绿化和美化需要，人工栽培一些非保护区本地物种。一个外来物种引入后，有可能因不能适应新环境而被排斥在系统之外；也有可能因新的环境中没有相抗衡或制约它的生物，这个引进种可能成为真正的入侵者，打破平衡，改变或破坏当地的生态环境。

例如，沙坡头保护区属于荒漠生态系统类型自然保护区，其自然植被主要为灌丛、草甸、草原沙生植物、沼泽植被等为主，但由于防风固沙的需要而建立起大量的人工栽培植物，形成了自然—人工生态系统，人工栽培植物占了很大比例，如 2008 年调查整理的 440 种种子植物中，176 种为人工栽培植物，占 40%，特别是乔木类中人工栽培种居多，如新疆杨、小叶杨、樟子松等。

旅游开发中，以旅游景区美化和绿化为目的而引种植物的行为更增加了非本地物种的数量。以沙坡头保护区的金沙岛景区植被调查为例（见表2-10）。该景区未开发之前的植被以荒漠灌丛和人工防风林为主，从景区开发直至目前运营期，原始植被发生了巨大变化，原始灌丛和防风林只有零星可见，景区的植被绝大部分是在重新改造的土地上人工栽培或自然生长的，其中引入了一些园林观赏植物和绿化植物等非本地植物种，这些非本地植物种虽然从生物多样性来看是增加了物种种类，但这些物种大部分是在人工灌溉的条件才能正常生长。

表 2-10 沙坡头和内蒙古月亮湖美化绿化引入非本土植物

植物类型	物 种
自然植物物种	沙枣、沙蒿、沙蓬、虫实、雾冰藜、杠柳
防风固沙植物（人工栽植）	沙枣、小叶杨、新疆杨、柠条锦鸡儿、沙拐枣、花棒、沙柳
绿化美化植物（人工栽植）	观赏植物：鼠尾草、柳叶马鞭草、万寿菊、地锦 绿化植物：紫穗槐、丁香、小叶杨、刺柏、紫叶李、白蜡、旱柳
沙坡头南景区	杨树、薰衣草、地锦
腾格里湿地公园金沙岛度假区	薰衣草、万寿菊等
内蒙古月亮湖	青杨、地锦

引种非本地物种可能会为旅游区提供了更好的吸引力，但引种可能直接或间接地对干旱荒漠生态系统产生负面影响。例如，杨树的大量栽植可能导致对地下水资源使用量增加，与本地灌木等植物产生水资源竞争。学者研究发现敦煌莫高窟的新疆杨在 5—9 月生长季期间，共计蒸腾耗水量为 27.08×10^5 kg/月[30]。敦煌莫高窟地处暖温带干旱气候区，可以参照此数据来粗略估算腾格里沙漠月亮湖人工栽植的近 100 棵杨树在生长季内蒸腾量约 27 万 m^3，可见其耗水数量还是十分惊人的。

园林类花卉植物一般根系较浅，对地下水的消耗相对较少。如沙坡头保护区内旅游景区的大面积鼠尾草（金沙岛就有约 4.5 hm^2 的鼠尾草花园），其本性抗旱、耐寒，但在生长季仍需灌溉以保持土壤水分，这可能会导致需要使用抽取的地下水或从外部调水，对区域水资源消费产生压力。

第 3 章　旅游活动对野生动物的影响

自然保护区内开展的旅游活动中，对野生动物产生干扰的源头主要来自两个方面：一是旅游开发建设项目在建设期和运营期对野生动物的影响，包括占用动物栖息地和施工噪声对动物栖息环境的干扰；运营期的影响主要来自游客各类活动，是长期的。二是在旅游季节时游客各类旅游活动对野生动物的干扰，是长期的并同时具有季节性。

干旱沙漠地区动物物种类型相对较少，尽管在物种调查中仍然会发现鸟类、兽类、鱼类、两栖类、爬行类和兽类均有，但其数量相比较湿润区而言还是少很多。在旅游活动对动物的影响对象中，一般关注较多的有鸟类和兽类。由于鸟类种群数量相对较多且受公众关注较多，同时可能由于湿地生境中鸟类与游人之间的无遮挡而使干扰更明显，因而对其影响的关注也较多[31]；在干旱区自然保护区内，兽类种群数量相对较少，对其的直接影响较难监测，而对其生境的影响研究较多。

3.1　旅游活动对鸟类的影响

旅游活动对鸟类的影响可以分为直接影响和间接影响。直接影响主要指对鸟类个体行为的影响，如取食时间的改变、对生境的依赖或逃离，以及鸟类的生理指标变化等；间接影响主要指旅游活动对鸟类生境的改变。

3.1.1 旅游活动对鸟类的直接影响

旅游活动对鸟类的直接影响可以表现在旅游活动压力下，鸟类的惊飞距离和警戒距离指标表征的变化。一般来说，当游客接近鸟类一定距离时，鸟类会首先产生警戒，表现为停止取食或向相反方向离开取食区、鸟群个体间距离减小等。当游客进一步接近鸟类的距离超过某个界限时，鸟就会受惊吓而飞离觅食区或孵卵区。这个产生警戒和惊飞的距离会因鸟的种类、游客与鸟类之间隔离障碍物类型（如树林、篱笆等）、游客的行为和噪声大小等不同而存在很大差异。因此目前国内外该方面的研究很难给出具体的警戒距离和惊飞距离阈值，一般研究都是针对具体环境和对象给出特例情况下的数值。

还有一个值得注意的现象是在旅游区内动物（包括鸟类）会渐渐习惯游客的存在，上述警戒距离和惊飞距离会缩短。即学者们认为的动物对旅游活动干扰的3 种不同的习得行为：躲避、吸引和适应[31, 32]。如研究发现留鸟比迁徙鸟类允许人接近的距离更小[31]；游客频繁出现的区域与游客稀少处的鸟类相比对干扰更加不敏感[31, 33, 34]。

干旱沙漠区具有较强吸引力就是沙漠湖泊，湖泊湿地是游客活动最为密集的区域，因而游客活动对水禽或涉禽的影响评估最为重要。对于水禽和涉禽来说，既是游客的近距离观赏对象，但同时又要保持不影响水禽日常生存的合理距离。游客通道距离水禽和涉禽的缓冲距离应该选取的距离值，针对不同环境下有很不同的研究结果。

这里以沙坡头保护区、腾格里沙漠月亮湖景区的湖泊湿地鸟类为例，我们对不同的鸟类进行了随机观察，主要判断鸟类对观察者（模拟旅游者行为）的警戒反应和警戒距离。判断水禽或涉禽出现警戒行为的显性行为为突然停止觅食、停止嬉闹，或者开始比较快速地朝远离观察者的方向游动（或跑动），以此种行为出现时观察者与水禽或涉禽之间的距离作为警戒距离（见表 3-1）。

根据文献报道[35]，水禽的警戒距离从 30～160 m 不等。而这里观察的警戒距离大部分位于 20 m 左右，还有部分物种如骨顶鸡的警戒距离约为 5 m，与上述文献报道的距离相对要近得多，这可能是由于我们的观察区为旅游热点区域，鸟类对游客的适应能力增强，也可能与物种类型有关。

表 3-1 沙漠湖泊湿地几种水禽和涉禽的警戒距离实验

位置	鸟类	观察者行为	阻隔物	警戒距离/m	所见物种数量
腾格里湿地公园	凤头鸊鷉	步行，摄影	灌木林	15	群：11 只
		步行，摄影	香蒲丛	20	群：4 只
	赤麻鸭	步行	无	5	群：约 20 只
	苍鹭	乘越野车	无	120	群：2 只
	环颈雉	乘越野车	木栅栏	20	1 只
	白腰杓鹬	步行	木栅栏	20	1 只
月亮湖	骨顶鸡	游艇	无	5	3 只
	赤麻鸭	步行	湖面	70	2 只

此外，在确定警戒距离时，一般都采用当水禽有明显的逃离行为时为界限，实际上，动物可能在游客进入警戒距离之前的一定距离上，已经出现一定的生理反应，如心率加快、体温升高等。因此，在保护区旅游开发中，将游客与鸟类之间的警戒距离设定比较可靠的距离应该比上述观察的警戒距离要远一些才可能起到保护作用。根据文献和研究观察，游客活动路径与水禽生活水域之间的缓冲距离可以选择上述统计值的较大值，并结合噪声影响（见下节分析）将旅游活动设定为远离鸟类主要栖息地 150 m 比较合适。

3.1.2 旅游活动对鸟类栖息地的间接影响

旅游开发建设项目及游客旅游活动对鸟类的间接影响主要涉及鸟类的栖息地。一般而言，旅游应该努力避开保护性鸟类的栖息地，但鸟类栖息地往往又是吸引游客的潜在目的地，这是一对矛盾。

旅游开发建设对鸟类生境的破坏主要表现为对生境的分割作用。道路将生境和景观切割为破碎的或孤立的块状，使生境岛屿化，导致鸟类安全感范围和觅食范围缩小、求偶繁殖变得困难。

旅游开发建设对鸟类生境的改变可以从前述的用地类型的转变来分析。例如，沙坡头保护区内用地类型转变有如下三种情况：①旅游开发建设项目中，主要是荒漠灌丛地转变为建设用地；②以稀疏沙生植物为主的荒漠草原转变为防护林和人工用材林地，主要发生在保护区东北部的小湖一带，荒漠草原面积的减少将会导致适应此生境的鸟类如凤头百灵的减少甚至消失，但同时也可产生正面的影响，即人工林达到一定郁闭度后为猛禽和鸟类提供更为广泛的栖息地；③“退渔还湖”项目中将鱼塘等地转变为湖泊，主要发生在腾格里湿地公园一带，沼泽湿地的减少使得适宜此类生境的鸟类退缩到马场湖以西的一小块沼泽湿地区域（见表 3-2），此外鱼塘面积的减少，将会使过去依赖人工养殖鱼类为食的鸟类取食变得困难；但也可能产生积极的影响，如更大的湖泊面积和湖中岛屿为湿地鸟类提供了更多的栖息地。

表 3-2　2012—2013 年样点调查所遇鸟类

鸟类	发现地点
白尾海雕 *Haliaeetus albicilla*	荒草湖
凤头鸊鷉 *Podiceps cristatus*	高墩湖东部
赤麻鸭 *Tadorna ferruginea*	高墩湖东部
黑鹳 *Ciconia nigra*	高墩湖南部
潜鸭 *Pochard*	高墩湖南部
青脚滨鹬 *Calidris temminckii*	马场湖西侧湿地水沟边
白腰杓鹬 *Numenius arquata*	马场湖西侧湿地
渔鸥 *Larus ichthyaetus*	马场湖岛屿间水域
雉鸡 *Phasianus colchicus*	马场湖西侧湿地
草鹭 *Ardea purpurea*	马场湖
苍鹭 Ardea cinerea	高墩湖

此外，鸟类空间分布与其生境类型密切相关，而旅游开发却有一定的人为选择性。在旅游开发中，如果旅游地类型与鸟类主要栖息地类型一致的话，则旅游对鸟类的冲击概率就高。从空间角度，可采用不同景观类型中鸟类数量特征来反映其分布。以沙坡头为例，根据《宁夏沙坡头国家级自然保护区二期综合科学考察》报告，在 1986 年、1999 年、2003 年的夏天进行了样线调查，并在 2007 年进行了补充调查，考察不同景观的鸟类群落变化，结果如表 3-3 所示。

表 3-3　不同年份夏季沙坡头保护区鸟类数量和群落结构

年份	种数				数量/（只/hm^2）			
	荒漠	湿地	固沙林	农田村庄	荒漠	湿地	固沙林	农田村庄
1986	15	14	8	16	43.45	59.4	21.64	52.72
1999	17	41	34	15	18.82	126.11	18.64	30.64
2003	18	49	21	21	7.33	199.33	356	213

由表 3-3 可看出，沙坡头保护区内湿地的鸟类种数和数量均有较明显增长，说明湿地作为鸟类生境在保护区中起着很重要的作用。同时发现湿地鸟类的数量也一直占较大优势（见图 3-1）。

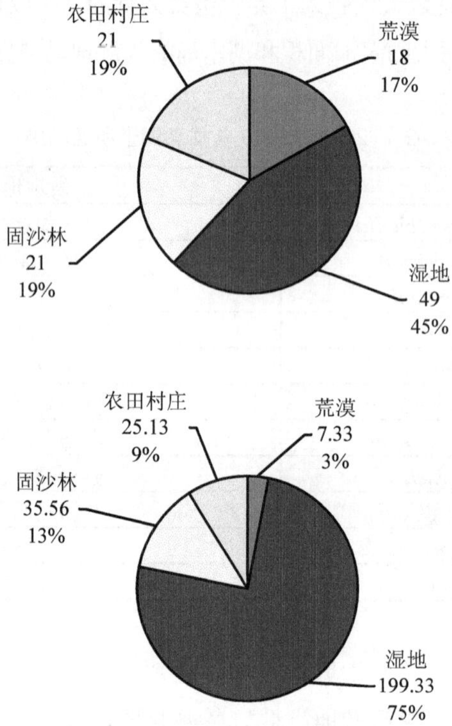

注：原始数据来自《宁夏沙坡头国家级自然保护区二期综合科学考察》。

图 3-1　不同景观类型鸟类种数和数量结构

目前沙坡头旅游活动主要存在于沙漠区和湿地区。相对而言，沙漠区鸟类数量很少，因而沙漠区旅游活动（北景区和南景区滑沙区）对鸟类影响应很小；而湿地区是鸟类数量最多区域，目前腾格里湿地公园的旅游正在开发阶段，游客数量较少，对鸟类的影响还不明显，但随着景区未来开发的逐步成熟，沿湖泊周边的观光车、汽车、步行游客等活动必定会对鸟类的生活和繁育产生影响。有研究报道，有些鸟类会对人类的干扰产生适应性（但应在不丧失基本的生境前提下）[36]。旅游活动中如果没有直接破坏生境的前提下，部分鸟类可能会逐步适应且数量变化不会很大。例如，在腾格里湿地 2012—2013 年调查中观察到，湖泊沿线近距离范围内（10～50 m）仍观察到诸如凤头䴙䴘、赤麻鸭、渔鸥等水禽，数量大约为 30 只，属于大部分鸟类的警戒范围内，但对游人走动的反应不甚敏感，也许是近几年来其对湖岸人类活动的适应吧。

3.1.3　旅游活动对鸟类影响频度

旅游活动对鸟类影响频度在这里是指在时间维度上二者之间的重合程度以及由此引致的影响程度。

干旱沙漠自然保护区的鸟类主要有候鸟和留鸟等，前者居多。且我国北方的旅游活动一般季节性特征比较明显，旅游旺季一般始于 5 月初并终于 10 月初。对于候鸟来说，旅游的季节和候鸟经停的季节重叠但也可能错开，二者如果错开的话其影响较小，而二者重叠的话则影响较大。

由于难以对保护区内所有种群的鸟类进行调查和分析，这里重点评估国家重点野生动物和 CITES 附录 I 里的鸟类。

沙坡头保护区内的重点保护鸟类与旅游活动的季节性耦合关系可以采用甘特图表达（见表 3-4）。通过这种方法可以比较直观地观察到旅游的季节性影响。如沙坡头旅游季节主要集中于 5—10 月，而这期间对作为夏候鸟和留鸟类型的重点保护鸟类可能会产生影响。此外，可以更进一步根据鸟类种数和数量的时间分布与旅游人数之间的时间耦合关系来分析旅游活动对鸟类的威胁程度。如沙坡头旅游人数最多的在 5 月、7 月、8 月和 9 月，而这期间也正是沙坡头鸟类种数最多的季节（见图 3-2），与旅游的旺季基本一致，这也从另外一个方面表明旅游活动对鸟类会产生较大影响。

表 3-4　沙坡头保护区国家重点保护鸟类停留时间与旅游季节的关系

	月份	1	2	3	4	5	6	7	8	9	10	11	12
旅游季节						■	■	■	■	■	■		
黑鹳	夏候鸟				■	■	■	■	■				
金雕	留鸟	■	■	■	■	■	■	■	■	■	■	■	■
玉带海雕	旅鸟	■										■	■
白尾海雕	冬候鸟	■	■									■	■

注：鸟类在沙坡头保护区居留时间分布根据相关资料整理。

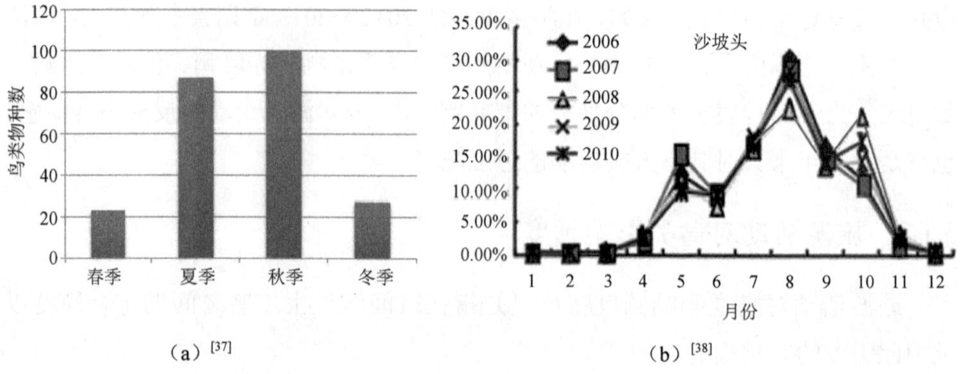

图 3-2 沙坡头保护区鸟类物种数季节性分布（a）与沙坡头旅游人数季节性分布（b）耦合对照

3.2 旅游对其他动物的影响

干旱沙漠自然保护区内，除了受大众关注的鸟类外，还有如兽类、爬行类、鱼类等生物种类，它们的数量虽然相对较少，且很多是土著种类，在维持生物多样性方面具有重要意义，因而具有重要的保护价值。

根据观察，在游客活动区内，兽类一般很少能直接目击到，这可能是受旅游活动中噪声的影响；两栖爬行类偶尔可以见到；鱼类常见。在旅游开发中，建设项目和游客活动主要影响动物的生境并进而导致动物远离旅游区。因此，在旅游对兽类、爬行动物类的影响分析中，这里侧重于从对其生境的影响方面进行分析。

以沙坡头保护区为例，沙坡头保护区发现的动物中诸如猞猁、鹅喉羚、岩羊和荒漠猫等，这些动物的活动范围很可能较为广泛，包括保护区以及保护区之外的沙漠和荒漠地区。刘迺发等[39]研究发现，上述动物除了在保护区发现外，还在保护区以西的甘塘等荒漠草原有发现。但实际上目前在保护区旅游活动比较密集的区域几乎没有发现这些动物。

旅游开发建设项目和旅游活动对陆地野生动物的干扰主要表现在对其的迁

徙路线的阻断、觅食区和繁殖区的占用等直接或间接干扰。沙坡头保护区目前由于旅游业、农业和周边的工业园区的建设等人类活动，对保护区的动物形成威胁。从旅游业来看，主要干扰的行为包括如下几个方面。

3.2.1　各类道路的隔离影响

道路建设和运营将会阻断动物在觅食区、水源区以及繁殖区之间的移动路线，可能导致其放弃原来在保护区内的栖息地而离开保护区，并进而影响动物的繁殖，导致种群规模减小，甚至导致该种群在本区域不再出现等问题。

沙坡头保护区空间范围呈现为南西—北东向的长条状分布，南北向的迎（迎水桥）闫（闫地拉图）公路纵穿过保护区，是连接中卫市至内蒙古最主要的公路，年平均日交通量已达 6 020 辆/d（2011 年）[①]，目前正在改扩建。此外，保护区的包兰铁路、省道 201、中央大道、迎湖路等主要交通干道以及连接这些主干道的支线路、旅游区内的各种栈道、环湖电瓶车道、人工林内低等级砂石道路等，这些纵横交错的道路将保护区划分成诸多小块。这对保护区内曾发现的诸如鹅喉羚、岩羊、猞猁和荒漠猫等大型动物构成很大威胁。目前除了在保护区中部荒草湖一带发现鹅喉羚外，以及在保护区西部孟家湾以西一带人类干扰很少的荒漠区也发现猞猁外，保护区其余区域没有发现上述动物。以道路建设为标志的人类活动干扰是造成上述野生动物不再出现的主要原因之一。

3.2.2　围栏的隔离影响

与道路对动物迁移的阻隔作用相似，人工修建的各种围栏对动物的迁移也造成阻隔，而且围栏甚至比道路的阻隔作用更为直接和影响更强烈。在沙坡头保护内，调查发现的围栏主要有：①旅游景区为了便于（半）封闭管理而设置的围栏，如沙坡头北景区南侧、沙坡头南景区北侧公路沿线、环绕腾格里湿地公园公路外侧、金沙岛度假区外围、腾格里生态草地公园外围等；②保护区为了植被封育而在部分地段设立围栏。如核心区部分边界设置铁丝围栏、荒草湖林区周围、国家二级保护植被裸果木的分布区重点封育区等；③保护区内其他单位为了便于管理

① 资料来源：宁夏石油化工环境科学研究院，闫地拉图（宁蒙交界）至中卫市迎水桥镇公路改建工程环境影响报告书，2013。

而在部分地点设置围栏等。

从积极的角度看，围栏为保护区植被封育、景区管理和单位管理提供了便利，但从其消极影响角度看，围栏对动物也造成了很多负面影响。如妨碍野生动物的迁移、导致生境斑块化、近亲繁殖加剧等[40]，同时也将导致切断野生动物的觅食和饮水路线、迁徙路线、非法捕猎者利用围栏猎杀野生动物、缩小野生动物的生存空间等[41]。

3.2.3 噪声干扰

噪声对野生动物也会产生直接影响。不同的野生动物对噪声的反应差别很大。目前此方面难以给出每个物种面临噪声时产生负面反应的声级阈值。根据《环境影响评价技术导则　声环境》（HJ 2.4—2009），自然保护区属于噪声比较敏感的目标，但目前针对自然保护区噪声等效声级没有明确的标准要求，在考虑到自然保护区包括鸟类在内的动物对噪声要求较高，并考虑到风等其他自然声音的影响，可以参照《声环境质量标准》（GB 3096—2008）的 1 类声环境功能区域来对待，即昼间 $L_d \leqslant 55$dB（A），夜间 $L_n \leqslant 45$ dB（A）。国外针对鸟类的相关研究也有与此标准比较相近的结果，Reijnen 通过对荷兰开阔草地繁殖鸟类的研究发现，繁殖鸟类受到噪声影响而种群密度出现下降的声级阈值界限在 43～60 dB（A）[42]。

就目前在干旱沙漠自然保护区内的旅游活动中，较明显的噪声来自沙漠越野车加速时的噪声、游客嬉闹声、电瓶车等声音，根据现场调查发现以沙漠越野车噪声尤为甚。以沙坡头为例，利用声级计对不同的越野车在行驶过程中产生的最大等效声级为 55 dB（A）的空间距离。

调查区域选择在沙坡头北景区的“沙漠动感地带”沙漠娱乐区。该区域的沙漠越野游乐车辆主要有沙漠摩托、沙漠勇士越野车、沙漠巴士和越野车等。各类越野车均有各自的活动区域且属于流动生源，因而测量中针对不同越野车，利用 HCJYET 的 HT-8352 声级计（测量范围 30～130 dB，精确度±1.4 dB），沿着距离流动声源一定距离、与线型声源路线大致平行的路线上进行间歇暂停测试，寻求 55 dB（A）的分布的若干点并利用手持 GPS 定点，然后在室内将测定的 55 dB（A）的点和越野车行驶路线的坐标标注在 ArcGIS 底图上，并量测点与越野车行驶线路的距离，然后计算平均距离。

从表 3-5 可以看出，不同类型越野车产生的噪声声级差别较大。不同车辆产生的噪声在 55 dB（A）声级上的空间分布距离最远 120 m，最近的 40 m。

表 3-5　沙坡头北景区沙漠越野车产生 55 dB（A）噪声与声源距离（白昼）

越野车类型	55 dB（A）与声源距离/m
四轮摩托车	101～115
大型越野车（沙漠勇士越野车）	60
大型越野车（沙漠巴士）	无游客尖叫声 83～88 有游客尖叫声 120
吉普越野车	40～52

国外研究发现，针对不同动物（包括鸟类）忍受噪声的距离阈值差别很大，如在 75%覆盖率的森林区域，假设附近的公路上每天有 7 500 架次车辆，则阈值距离最小为 81 m（鹬鸟）而最大为 990 m（杜鹃）[43]。

那么对于干旱沙漠自然保护区，噪声可能对保护区野生动物的影响距离阈值应该为多少？根据上述对沙坡头的调查和国外的研究，发现不同的动物种类、声源与动物之间是否有阻隔物（如密集的乔木群落）等有很大关系。干旱区一般少有密集的乔木，植被的阻隔作用不起主要作用。面对自然保护区，旅游活动一般位于实验区，而重点保护野生动物的栖息地大多位于核心区和缓冲区，其中核心区是重点，同时缓冲区对旅游活动产生的噪声也可给予缓冲减弱的作用。因此，根据上述依 55 dB（A）标准的距离阈值确定时，可根据我们调查的最大距离（即 120 m）为基础并做适当延伸，即旅游活动远离缓冲边界应该至少 150 m。

第 4 章　旅游开发对湖泊水环境质量的影响

4.1　沙漠湖泊在旅游中的意义

沙漠中水体包括湖泊和河流。沙漠中河流大多为季节性河流，而很多沙漠里湖泊和湿地却常有分布。湖泊和湿地是沙漠中与旅游关系最为直接，是吸引游客的主要景观，旅游反过来对湖泊湿地的生态环境产生威胁。这里重点讨论旅游对沙漠湖泊的关系和影响。

4.1.1　沙漠湖泊是沙漠旅游中重要吸引物

在我国已经开发旅游的荒漠生态系统类型自然保护中，大部分都有沙漠和湖泊的组合景观出现。很多沙漠的地下水很丰富，地下水的出露在沙丘间形成若干沙漠湖泊。而干旱沙漠与沙漠湖泊两种巨大反差的景观组合对游客产生很强的吸引力，目前国内比较著名的沙—湖组合景观旅游资源和旅游地：①腾格里沙漠边缘的沙坡头保护区内及附近分布的马场湖、高墩湖、小湖等湖泊湿地；②巴丹吉林沙漠中有约 140 多个湖泊（海子），目前开发旅游的巴丹湖、宝日陶勒盖湖、庙海子等；③库姆塔格沙漠东部的敦煌鸣沙山—月牙泉旅游区的月牙泉；④位于乌兰布和沙漠的哈腾套海保护区的纳林湖等。

4.1.2　沙漠湖泊水质在旅游中的意义

从旅游视角看，湖泊水体是构成沙漠旅游的主要景观要素之一，既为游客提供观赏价值和美学体验，同时为游客提供诸如划船和游泳等游乐活动的场所，因此清洁的湖泊水质对旅游很重要；从生态视角看，湖泊水体为水生植物、动物等提供了生境，为增加荒漠地区生物多样性提供了良好的条件，因此保持湖泊水体不受污染并进而维持良好的湖泊湿地生态系统对保持沙漠地区生物多样性具有重要意义。

4.2 旅游开发对湖泊水质的影响

4.2.1 旅游开发对湖泊水质的影响

表征水环境质量的参数很多，根据不同的目的其影响评判指标也有所差异。与旅游相关的影响主要指向于：水的富营养化、水中溶解氧的减少、粪便排泄造成的细菌污染等[25]。根据《地表水环境质量标准》（GB 3838—2002），国家级自然保护区执行地表水环境 I 类标准。

水体富营养化是指在人类活动的影响下，N、P 等元素富集，营养物质进入湖泊等缓流水体，引起藻类及其他浮游生物迅速繁殖，水体溶解氧（DO）量下降，水质恶化，鱼类及其他生物大量死亡的现象。荒漠地区湖泊的营养物质主要来自于农业灌溉和鱼类养殖等生产活动排放的富含氮、磷元素的污水。在受旅游开发影响的湖泊，从旅游接待设施排放的生活污水和开发建设项目建设过程中弃土入湖等行为也会形成湖泊富营养化的威胁。

病原体和其他污染物也可能进入湖泊而造成污染。很多研究表明旅游活动是细菌污染的主要源头，特别是粪大肠杆菌数量的增加，尤其来自厕所排放的污水是主要来源。但也有研究指出，湖泊细菌来源不仅限于人类活动，短时期强降雨也可能将岸边土壤中的细菌带入湖泊，因此，判断湖泊水体细菌是否完全来自于旅游活动就显得较为困难。

对沙漠湖泊旅游开发导致水质发生变化的研究相对很少。璩向宁（2007）等通过对宁夏沙湖水体的溶解氧、悬浮物、生化需氧量、氨氮、总磷和氟化物 6 项水质指标调查并采用加权综合模型得出沙漠不同功能区水质状况的研究[44]。研究结果表明沙漠在1991年旅游开发以来水质综合污染指数逐渐加大，水质状况逐渐下降。并进一步发现在接待区集中的码头区水质比养殖区水质污染程度高；游泳区的水质也比养殖区污染程度高；但同时也讨论了由于沙漠有来自黄河和农田退水的外来补给水，其对水质也产生影响，旅游活动产生的水质污染是在此基础上叠加的效果。

国外关于机动游艇对浅水湖泊水质影响结果显示，游艇发动机会增加重金属和化学污染物进入水体。另外，未充分燃烧燃料也会排放到水体中，如两冲程的发动机平均有25%～30%的未充分燃烧油料进入水体，而四冲程比两冲程的少排放97%左右。此外，污染物会影响水体pH值和溶解氧，进而影响湖泊鱼类等生物[45]。另外，深度较浅的湖泊里，发动机会搅动底泥并将底泥中的磷等营养物释放到水体中，导致藻类生长增加，并且降低湖泊透明度，对此一般采取的措施是设置“无浪带”（no-wake zone），提倡慢速行驶（1.5 m/s），建议使用四冲程发动机的游船等。

4.2.2 沙坡头保护区和内蒙古月亮湖案例分析

本项目对沙坡头保护区旅游景区和内蒙古月亮湖的水质进行了取样检测，并分析了部分主要指标，期望了解目前开发情形下旅游对湖泊水质的影响。

水样采集主要来自保护区内旅游活动比较频繁区域的附近水域，包括沙坡头保护区的腾格里湿地公园（马场湖、高墩湖）、金沙岛度假区湖泊、沙坡头南景区黄河边；同时在腾格里沙漠东部的内蒙古月亮湖旅游景区内的湖泊也取了水样，为增加对比分析提供材料。水样检测指标主要包括溶解氧（DO）、五日生化需氧量（BOD_5）、总氮（TN）、总磷（TP）和粪大肠杆菌。结果如表4-1和表4-2所示。

依据《地表水环境质量标准》（GB 3838—2002）中的Ⅰ类标准，发现在沙坡头保护区内采样地的水质指标中，除BOD_5外其余四项指标几乎均超标（只有马—高湖 1 号水样的粪大肠杆菌未超标），而月亮湖内采样地的水质指标中，也是除BOD_5外其余四项指标几乎均超标（只有YLH-1号水样的粪大肠杆菌未超标）。

表 4-1　沙坡头保护区采样水质分析结果

项目		溶解氧/（mg/L）	五日生化需氧量/（mg/L）	总磷/（mg/L）	总氮/（mg/L）	粪大肠杆菌/（MPN/L）
检测结果	马—高湖 1 号水样	4.9	1.4	0.285	1.26	130
	马—高湖 2 号水样	3.7	1.7	0.157	1.26	490
	马—高湖 3 号水样	4.2	1.6	0.215	1.48	790
	马—高湖 4 号水样	4.0	1.6	0.155	1.46	330
	金沙岛 5 号水样	7	0.8	0.140	1.04	230
	小湖 6 号水样	9	0.3	0.107	2.24	490
	沙坡头黄河边 7 号水样	6.3	0.1	0.151	2.33	790
	沙坡头黄河边 8 号水样	6.2	0.2	0.114	2.62	5 400

注：灰色背景的数据表示该指标超过 I 类标准。

表 4-2　月亮湖采样水质分析结果

项目		溶解氧/（mg/L）	五日生化需氧量/（mg/L）	总磷/（mg/L）	总氮/（mg/L）	粪大肠杆菌/（MPN/L）
检测结果	YLH-1	4	0.4	0.031	0.735	110
	YLH-2	1	2.1	0.030	0.343	220

注：灰色背景的数据表示该指标超过 I 类标准。

从现场调查的情况看，月亮湖水面上开展游船（主要是将游客运输到对岸的小型游艇），其可能对水体产生污染。而沙坡头保护区我们采样的湖泊并没有开展游船等水上娱乐活动，检测水样的湖泊也未见有污水直接排放的情况，但水质 5 项指标大多数超标，其原因尚不清楚。根据学者们的研究，湖泊水质发生并不一定直接来自游客或者一些娱乐活动，也可能来自自然界。如野生动物是饮用水资源受到细菌污染的一个主导因素[25]，也有学者发现湖泊氮含量与游客使用强度没有明显关系，Dickman 等研究发现游客对湖边植物践踏进而导致护岸侵蚀加剧后进入湖泊的溶解磷增加等[25]。这些研究说明旅游对湖泊水质各指标的影响是复杂的，不确定性因素比较多。

第 5 章　旅游开发对历史遗迹和视觉景观的影响

根据环保法，人文遗迹也是环境保护的对象之一。虽然历史文化等人文遗迹有其他相关部门和法律给予保护，但在自然保护区内的人文遗迹也应该给予协调保护考虑；此外，视觉景观虽未被环保法或者自然保护区相关法律给予重点考虑，但在自然保护区内发展旅游时存在人工建筑和游客活动等，可能对自然保护区的原生景观审美价值造成负面影响，因此从旅游开发和保护区美学价值出发，对沙漠保护区的视觉景观进行分析是必要的。

5.1　旅游开发建设项目对保护区历史遗迹的影响

干旱沙漠自然保护区的历史遗迹主要同时受到自然侵蚀（如风蚀、暴雨冲刷和浸泡等）和人为破坏，特别是对于分布较广的土建筑遗址，被破坏的风险更大。

例如沙坡头保护区范围内，主要历史遗迹有明长城及其附属建筑，现存的长城墙体和烽燧，均为夯土建筑。保护区内现存城墙墙体长度约 4 km，烽燧 3 处。由于墙体为夯土建筑，长期的自然侵蚀和人为破坏导致墙体毁损严重。宁夏境内的明长城于 2001 年 6 月 25 日被批准为全国重点文物保护单位。目前保护区内长城墙体和烽燧在重要地段有文物标志牌，但没有防护栏保护。长城所在区域的旅游开发还处于起步阶段，旅游对文物直接影响不甚明显，但存在游客攀爬等直接损坏行为的潜在风险。

5.2　旅游开发建设项目对荒漠视觉景观的影响

干旱荒漠自然保护区为游客提供欣赏和娱乐的价值。连绵起伏的沙丘、荒漠植被景观、沙漠中镶嵌的湖泊、以荒漠为生境的众多鸟类和特有动物等均为游客提供了具有荒漠特色的旅游资源。随着旅游开发和其他建设活动在保护区内的出现，特别是各类人工建筑物对沙漠自然景观造成一定程度的视觉不协调。视觉景观的不协调对荒漠生态系统本身影响较小，而主要是对旅游发展本身形成一定的影响。目前对于视觉协调性的研究很少，一般通过建筑的风格、色彩、体量和分布位置来表达其协调适宜度。

目前在有关自然保护区中关于旅游建筑景观协调性的规定还没有明确的标准。在《自然保护区管护基础设施建设技术规范》（HJ/T 129—2003）4.2 规定“自然保护区管护基础设施的建设必须同自然景观和谐一致……体现地方风格和民族特色”，在 7.12 条中规定“自然保护区内的建筑物，外表要与周围自然环境相协调，不得用瓷砖、玻璃墙、大理石等贴面，不得用鲜明的颜色”。规范中关于自然保护区管护设施建筑风格与景观协调的规定应可参照适应于自然保护区内的旅游建筑设施风格的要求。

例如沙坡头保护区，该区通过著名的治沙工程和成果，浩瀚的沙漠景观向游人提供欣赏服务。而旅游开发建设项目中的一些不同风格和色彩的建筑（如玻璃幕墙建筑、“火柴盒”式楼宇等）出现在沙漠腹地，对游客的体验和环境感知可能造成负面影响。

目前保护区内旅游相关设施中既存在与环境和谐的建筑，也存在不和谐的建筑物。例如沙坡头北景区的沙漠酒店（见图 5-1a）和沙漠酒吧（见图 5-1b），前者的体量较小只有一层，且其顶部色彩与沙漠色彩基本一致，与沙漠环境协调一致，属于视觉和谐的建筑，而后者的色彩虽然与沙漠比较接近，但呈现明亮的颜色，且为二层建筑，显得比较突兀，但总体上比较协调。

现代建筑最容易形成所谓的“建筑污染”，包括大型混凝土建筑、玻璃幕墙建筑和色彩奇异的建筑（见图 5-1c）等，在大漠驼铃意境的远处出现巨大的玻璃建筑，在视觉上很不协调。与此类似的是图 5-1d 中沙漠扶梯，也是使用玻璃幕墙和巨大立柱构成的建筑景观，也属于视觉不协调的建筑景观。

现代建筑经过一定的处理，也可以在一定程度上使其比较适宜视觉协调性。如图 5-1e 和 5-1f 所示，同样的移动通信信号塔，前者采取将色彩处理为与沙漠色彩比较接近的颜色，而后者没有处理，前者比后者在视觉上显得更协调些。

a. 沙漠酒店，建筑色彩与环境协调

b. 沙漠酒吧，建筑色彩与环境基本协调

c. 玻璃温室，处于游客视野内，与驼队氛围形成明显反差，不协调

d. 沙漠扶梯，玻璃外墙，日光下反光强烈且刺眼，不协调

e. 通信基站，与环境色彩基本协调

f. 通信基站，色彩与环境不协调

图 5-1 沙坡头保护区旅游开发建设项目视觉景观影响对比分析

除了风格、色彩和体量外，保护区内的建筑协调性还与其位置有关系。当与环境不协调的建筑出现在游客的视域范围内就会给游客不好的体验，但如果建筑避开游客视线范围，则至少可以从游客的角度避免这种不和谐。因此，在建筑选址时，可以利用当地地形条件，通过现场调查或者通过利用 DEM 数据进行视域模拟的方法来预测不协调建筑是否会出现在游客的视域内（见图 5-2）。

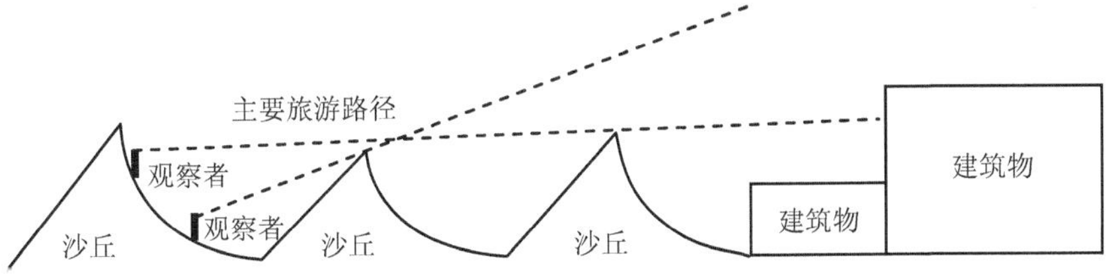

图 5-2　视域范围确定示意

第 6 章　自然保护区旅游环境容量管理

6.1　旅游环境容量概述

旅游环境容量是一个概念体系，包括旅游资源容量、旅游感知容量、旅游的生态容量、旅游的经济发展容量和旅游地地域社会容量等。旅游容量的实用价值主要体现在：①在旅游地的规划和管理中作为一种强有力的工具，首先促进保护旅游地的生态免遭退化或破坏；②作为一种管理工具而使用，在客观上也保证了旅游者在旅游地的体验质量[6]。目前我国旅游环境容量用可容纳的旅游人次数来表达。

6.1.1　旅游环境容量计算方法综述

旅游环境容量目前已被诸多标准和行业规范纳入管理旅游的条款中。现有的标准规范包括《风景名胜区规划规范》（GB 50298—1999）、《旅游规划通则》（GB/T 18971—2003）、《自然保护区生态旅游规划技术规程》（GB/T 20416—2006）、《景区最大承载量核定导则》（LB/T 034—2014）。这些标准和规范中推荐的旅游环境容量计算思路基本一致，即首先获取游客基本空间标准值（或其倒数），然后通过景区可利用面积、景区开发时间、游客在景区的周转率等参数来计算景区日容量数值。各标准中容量计算的差别在于计算中的基本空间标准和周转率计算方式有一定的差异，但总体的目标是计算出旅游环境容量（承载量）的具体数值。

以《自然保护区生态旅游规划技术规程》（GB/T 20416—2006）中环境容量测算为例，该规程中提出可分别按景区、景点可游面积测算日环境容量，并结合季节特点来计算年环境容量。一般采用面积法、卡口法和游路法三种方法，并建议因地制宜加以选用或综合运用。

1．面积测算法

面积测算法的计算公式为

$$C=\frac{A}{a}\times D$$

式中：C—— 日环境容量，人次；

A—— 可游览面积，m^2；

a—— 每位游人应占有的合理面积，m^2，不同旅游点的人均合理面积在规范的附录 C 中以资料性附录的方式给出（见表 6-1）；

D—— 周转率，D=景点开放时间/游完景点所需时间。

表 6-1　GB/T 20416—2006 中推荐的主要生态旅游区的容量指标

生态旅游区（点）	单位	容量指标
水浴区	m^2/人	50
游泳岸线	m^2/人	10
滑雪场	m^2/人	100
划船	m^2/艘	250
垂钓区	m^2/人	80
自行车道	m^2/辆	30
骑马场	m/人	30
游步道	m^2/人	30（或 15 m/人）
登山步道	m^2/人	20（或 10 m/人）
观鸟区	m^2/人	500
动物观赏区	m^2/人	1 000
植物观赏区	m^2/人	300
露营地	m^2/人	200
停车场（小车）	m^2/台	25
停车场（大车）	m^2/台	80

2．卡口法

卡口法的计算公式为

$$C = D \times A$$

式中：C—— 日环境容量，人次；

D—— 日游客批数，$D=t_1/t_3$；

A—— 每批游客人数；

t_1—— 每天游览时间，h，$t_1=H-t_2$；

t_3—— 两批游客相距时间，h；

H—— 景区每天开放时间，h；

t_2—— 游玩全程所需时间，h。

笔者觉得此卡口法计算显得比较复杂。一般而言，日环境容量是指日最大环境容量值，也就是在假设景区在各种制约因素下每日最大能接待游客数量。此公式中，设定了 t_3 这个参数，是不具有最大值的含义，假如在最大值下，游客群体应假定是“接踵而来”的，不存在批次的现象。游客批次出现是例外情景，而非最大接待量下的情景。

3．游路法

游路法计算分两种情况，即完全游道和不完全游道，其计算公式分别为：

完全游道：

$$C = \frac{L}{l} \times D$$

不完全游道：

$$C = \frac{L}{l + (l \times t_2 / t_1)} \times D$$

式中：C—— 日环境容量，人次；

L—— 游道全长，m；

l—— 每位游客占用合理游道长度，m，参照表 6-1；

D—— 周转率，D=游道全天开放时间/游完全游道所需时间；

t_1—— 游完全游道所需时间，h；

t_2—— 沿游道返回所需时间，h。

在上述三种环境容量计算方法的基础上，通过考虑游客每天游览最舒适合理的时间，进一步求取日游客容量，公式如下：

$$G=\frac{t}{T}\times C$$

式中：G—— 日游客容量，人次；

t—— 游完某景区或游道所需的时间，h；

T—— 游客每天游览最舒适合理的时间，h；

C—— 日环境容量，人次。

笔者认为此公式存在歧义，如果 T 表达的是景区或游道每日开放的时间中适宜于游客旅游的时间（例如，夏季干旱荒漠区一天之中较为凉爽的早晨或傍晚）的话，那么 G 并不能表达容量意义，而仅反映了游客感受而已。

6.1.2　传统旅游环境容量计算中存在的挑战

旅游环境容量是旅游管理中的“利器”，但其含义及目前的计算方法在学术界也存在很多质疑和争论。总体来说，主要讨论焦点在于对容量计算中的前提假设是否合理、旅游环境容量计算结果的绝对数据是否与现实管理需要相符、计算方法是否符合实际等，以及是否能体现自然保护区的特殊性和忽视环境容量的动态变化等[46]。总体来说，目前常用的旅游环境容量计算皆为以求算出具体极限（或合理）容量的数值（人数）为目标，这种方法在学界争论较多，并提出了诸如可接受改变的极限等以重视管理措施并结合人数管理的旅游地容量管理工具。

在旅游环境容量的概念体系中，面向旅游对生态环境影响的容量估计中涉及的概念有旅游生态容量。旅游的生态容量是指保持旅游资源质量的前提下，一定时间内旅游资源所能容纳的旅游活动量。目前常用的是在考虑到人工处理污染物的情况时的计算公式如下[6]：

$$F_0=\frac{\sum_{i=1}^{n}S_iT_i+\sum_{i=1}^{n}Q_i}{\sum_{i=1}^{n}P_i}$$

式中：F_0—— 旅游的生态容量（日容量）；

P_i—— 每位游客 1 天内产生的第 i 种污染物量，共有 n 种污染物；

S_i—— 自然生态环境净化时间，一般取 1 天，对于非景区内污染物，可略大于 1 天，但累积的污染物最迟应在 1 年内完全净化；

Q_i—— 每天人工处理掉的第 i 种污染物量。

这种计算办法实际上考虑的仅仅是从环境质量角度出发的，而非生态系统角度。从前述中我们可以看出，旅游对生态的影响实际上是指对生态系统要素和系统本身的影响，如果从避免生态被破坏的角度出发，上面的生态旅游容量计算公式考虑的很不周全，其实际上仅仅是考虑了污染物（如污水、固体废弃物）对环境质量的影响，但对诸如噪声、空气污染要采取人工处理似乎在旅游景区是不现实的，并且此概念未全面地考虑到对生态系统及其各要素的影响。

可以说上面的旅游生态容量只涉及环境质量的部分要素。当然目前对于环境、生态系统、环境质量等概念及其影响评价难以构建一个大一统的方法。例如目前的环境影响评价工作中，评价对象分开进行，如大气环境、地表水环境、地下水环境、声环境和生态等几个方面是独立开展的，关于此分类工作可以参考《建设项目环境影响评价技术导则　总纲》（HJ 2.1—2016）中关于环境影响评价技术导则体系构成的解释。即便如此，也难以对所有环境进行影响评价，如果按照《环境保护法》里关于“环境”的概念，即指“影响人类生存和发展的各种天然的和经过人工改造的自然因素的总体，包括大气、水、海洋、土地、矿藏、森林、草原、湿地、野生生物、自然遗迹、人文遗迹、自然保护区、风景名胜区、城市和乡村等”，则环境质量所涉及的范畴就更为宽泛了。

从经验来看，要想构建出面向生态环境影响的类似于上述容量的计算公式，在目前看来几乎是不可能的，需要在目前容量计算方法基础上结合其他途径来获取容量管理方式，而不仅仅是去计算容量数值。

下面以沙坡头保护区为例，尝试分析针对干旱沙漠自然保护区的旅游环境容量获取方式及与之对应的管理措施。

6.2 沙坡头自然保护区旅游环境容量

6.2.1 沙坡头景区旅游容量已有研究

目前对沙坡头保护区旅游景区的环境容量有一些初步研究。主要有《宁夏中卫沙坡头国家级自然保护区总体规划》(2008)(以下简称《保护区规划》)中计算的旅游环境容量[47]，程子彪等（2011）计算的沙坡头旅游区的日容量值[48]，以及国家旅游局公布全国 5A 级旅游景区最大承载量。

在《保护区规划》中，根据保护区沙坡头旅游区景观特点，环境容量采取“面积容量法”进行估算。即以每个游人所占平均游览面积即游客基本空间标准来测算，主要景点取值：50～100 m^2/人；一般景点取值：100～400 m^2/人。此取值标准应该是来自于《风景名胜区规划规范》(GB 50298—1999）中规定的主要景点和一般景点的取值规定。测得结果最大容量约为 7 466 人次/d。旅游旺季共 6 个月，其中有效旅游日主要集中在周末和节假日，取有效旅游系数 0.4，全年可游览天数按 72 天计算，年环境容量最大为 55 万人次。具体计算详见表 6-2。

表 6-2 沙坡头旅游景点游人容量

景点类型	景点名称	计算面积/m^2	计算指标/（m^2/人）	一次性容量/（人/次）	日周转率/次	日游人容量/（人次/d）
主要景点	丝路古镇	12 000	50～100	120	6	720
主要景点	核心景区	41 400	50～100	414	4	1 656
主要景点	沙坡	80 滑道	5 人/道	400	10	4 000
主要景点	游船码头，防护堤	11 100	50～100	111	6	666
主要景点	景区北入口	7 600	50～100	76	4	304
一般景点	沙泉茶社	3 500	100～400	9	4	36
一般景点	悬索桥	2 700	100～400	7	12	84
总计		78 300				7 466

资料来源：《宁夏中卫沙坡头国家级自然保护区总体规划》(2008)。

程子彪等（2011）利用层次分析法，将旅游自然环境容量（包括旅游生态环境容量和旅游空间环境容量）、旅游经济环境容量（包括旅游基础设施环境容量、旅游服务设施环境容量）和旅游社会环境容量（包括旅游氛围环境容量）作为“沙坡头旅游区旅游环境容量”的子目标（括号里为具体指标），经过专家打分法确定各指标和子目标的权重，然后打分获得 1984 年、2000 年和 2010 年的旅游环境容量（见表 6-3）。

表 6-3 沙坡头旅游区日环境容量一览

项目	1984 年		2000 年		2010 年	
	旺季	淡季	旺季	淡季	旺季	淡季
旅游自然环境容量	21 519	17 715	10 298	6 874	5 551	3 797
旅游经济环境容量	1 456	1 456	30 993	16 550	56 646	27 563
旅游社会环境容量	30 211	21 579	29 646	19 764	25 296	16 864
总计	53 186	40 751	70 937	43 188	87 493	48 224

资料来源：根据文献[48]（程子彪等，2011）整理。

而国家旅游局公布的全国 5A 级旅游景区最大承载量数据中，沙坡头景区日承载量为 5 万人次和瞬时承载量为 2.1 万人次①。这里没有使用“旅游环境容量”的概念，而是使用了“承载量”的概念，这是由于《旅游法》中明确提出此概念且使用在《景区最大承载量核定导则》（LB/T 034—2014）中。

6.2.2 已有研究评述

从以上的容量核定研究可以发现，不同研究者对于沙坡头保护区旅游景区的旅游环境容量给出了差异很大的结果，《保护区规划》中计算出的旅游环境容量为 7 466 人次/d，而程子彪等计算出的结果为 5 551 人次/d（取 2010 年旺季的自然环境容量值），国家旅游局公布的已高达 5 万人次/d。对于这些结果之间存在差异的原因可能有多种，根据笔者的理解分析如下。

首先，上述研究中的评估对象所指空间范围可能存在差异。《保护区规划》中所指空间为自然保护区内的沙坡头景区，即本研究中所指的沙坡头南景区若干

---

① 资料来源：http://www.cnta.gov.cn/xxfb/jdxwnew2/201507/t20150717_742211.shtml。

景点；程子彪研究对象面积 21.60 km^2 的旅游区，包括东起沙坡头水利枢纽坝头，西至黄河黑山峡宁夏、甘肃交界处，以沙坡头黄河两岸为核心区，北至腾格里沙漠南缘的包兰铁路，比《保护区规划》中所指范围要更大些；而国家旅游局所指空间范围尚不清楚。

其次，在计算方法中存在差异。《保护区规划》中的每个游人所占平均游览面积（即游客基本空间标准）取自《风景名胜区规划规范》（GB 50298—1999）中的推荐值，将此值应用于自然保护区旅游环境容量，可能会导致容量值过高地估计。而程子彪等的研究中的旅游自然环境容量通过专家打分等方法获取权重并进行容量的计算，其中考虑了生态环境容量和空间环境容量两个方面，因而可能更趋近自然保护区的管理目标。而国家旅游局公布的容量是根据 LB/T 034—2014 计算的，但具体计算中的参数如何取值尚不清楚，例如游客基本空间标准。

实际上，根据各方统计，目前沙坡头景区（即沙坡头南、北景区）在旅游旺季时，日均接待游客近 4 万人次（根据 spttour.com 报道，2014 年 5 月 2 日接待 3.9 万人次，2015 年 5 月 1 日接待近 3 万人次）。按照上述《保护区规划》中提出的旅游容量的要求则远超合理限度。而程子彪等和国家旅游局计算结果是仅仅针对沙坡头南景区，同时也没有充分考虑沙坡头部分景区位于沙坡头国家级自然保护区范围内的这个特殊情况以及具体要求。

6.3 干旱沙漠自然保护区旅游环境容量管理

分析和计算旅游环境容量的最重要目标是将其应用于旅游目的地的合理化管理，而不是简单地限制旅游人数。对于自然保护区内开发旅游的行为，更应该是注重合理的管理和教育，旅游环境容量的分析结果主要用于参考使用才对，因此对于自然保护区，本研究将使用旅游容量管理这个概念，即通过管理手段实现保护区内旅游人数的调控和管理，核心目的是尽量减少旅游开发对自然保护区生态的影响。因此本研究中采用的思想接近于国际上提出的“可接受改变的极限”（LAC：Limits of Acceptable Change）的理念。

LAC 的基本理念就是旅游活动对自然环境的影响评估应该从认识自然环境

区域适宜开展的活动类型和相应的管理措施出发来判断，而不是仅仅从可以忍受的人数来判断。其基于的科学依据是旅游对生态和环境的影响与使用人数之间不是简单的线性关系[24]。LAC 里提到的适宜开展活动的条件和相应管理就是游憩机会谱（ROS：Recreation Opportunity Spectrum）概念。虽然 LAC 和 ROS 的概念都较早地被引入中国[49-51]，但仍然停留在理论层面而没有纳入国家对自然生态的旅游管理实践当中去。

旅游利用和生态保护是自然保护区长期以来面临的重要挑战，核心问题就是到底多大规模的旅游规模是可以接受的，但却一直找不到理想的解决途径。LAC 只是在旅游容量（carrying capacity）的检讨中提出来的一种管理方法，重点仍然是回答游憩和旅游活动如何威胁到荒野环境（包括社会和生物环境）的特定属性，并且面向自然环境条件和游客体验质量，对比期望的条件和质量标准与现状条件和质量，进而确定多大的变化是可以接受的[52]。以美国为例，目前关于环境容量管理思路的发展趋势依然是朝向这种细致化而有针对性的方向发展，而传统的指标化和指标标准绝对数值的方法只是前述方法的补充[53]。本研究试图将这种理念尝试性应用于沙漠自然保护区旅游的容量管理中。

6.3.1 保护区旅游容量管理原则和基本要求

1．基本原则

根据《自然保护区管理条例》等法律法规的要求，并结合干旱区的自然环境特点，干旱沙漠类型自然保护区旅游容量管理应遵循的基本思路如下。

第一，生态保护优先。这是由自然保护区相关法律要求和干旱沙漠区域脆弱的生态特性所决定的。虽然在所有类型地域的旅游地都要坚持生态保护的原则，但干旱沙漠类型自然保护区尤其重要。自然保护区内开展旅游活动时，要从生态系统整体性的视角审视旅游的正负效应并提出合理管理措施。

第二，生态旅游理念为主。生态旅游一般是指在自然生态系统得以完整保护的基础上，开展以自然景观观光、生态教育和提高当地社区福利为主要目的的旅游活动。在我国旅游实践中有不少开发者和管理者将生态旅游仅理解为自然景观观光游，这种误解甚至是有意的曲解导致生态旅游名词滥用和生态标签化的不良现象，无论是对理论提升还是实践应用都没有好处。

第三，容量管理实效性和动态性。旅游容量管理以监测为依据，对保护区内旅游活动和旅游人数进行动态管理，实现保护区内旅游活动与生态系统安全协调发展。正如前面所述，虽然使用容量数值进行管理比较方便，但科学性仍然不够，其时间静态化、空间均一化的缺陷会给旅游地生态管理带来不良的后果。

2．基本要求和前提

在符合规定的区域开展旅游活动。按照相关法律法规，旅游活动只允许在自然保护区的实验区适当开展，而自然保护区的缓冲区和核心区是不允许有旅游活动和旅游开发建设的。因而自然保护区内旅游容量管理重心是在实验区。

在空间上，旅游开发的景区（点）的空间分布，即旅游区范围与自然保护区范围之间的关系有三种可能：旅游区全部在保护区范围内、旅游区与保护区部分重叠、旅游区与保护区邻近但不重叠。保护区旅游容量管理中主要考虑前两者。

自然保护区旅游容量管理，首要考虑的是生态保护目标，如确定不允许/允许开发区域和对象，然后再计算允许开发区域和对象在目标限定内的生态容量，并在生态容量合理化基础上综合考虑资源容量、设施容量和感知容量等。容量管理过程中基于“可接受改变的极限（LAC）”的理念进行，而不局限于仅针对整个景区提出通用的游客规模限制。

6.3.2　按生态系统类型的旅游容量管理

根据前述对干旱沙漠地区自然保护区已有旅游活动的空间分布来看，旅游涉及的区域中主要包括沙漠湖泊、固定半固定沙地和流动沙丘三种生态系统类型，且旅游活动大多集中于沙漠湖泊和流动沙丘两类生态系统中。

1．沙漠湖泊

沙漠湖泊或湿地的旅游容量管理目标主要是为了维护湖泊湿地生态系统完整性和利用的可持续性。在容量的估计过程中，遵循以生态要素保护前提下，首先确定可以开发旅游的区域或者说先排除不可被开发的区域，然后在可开发旅游的空间上计算基本的旅游资源容量或旅游设施容量等。而在计算旅游资源容量或设施容量时仍主要以生态要素保护要求作为限制性条件。

沙漠湖泊和湿地旅游容量确定途径包括：①遵守相关法律和标准的规定；②为湖泊湿地动物（特别是鸟类）保留足够生境面积；③湖泊水质达标；④计算

旅游资源容量或设施容量；⑤相应管理措施约束下的容量管理实施。

以下以内蒙古哈腾套海国家级自然保护区的纳林湖旅游区为例。

1）遵守相关法律和标准的规定

自然保护区内旅游开发中首先要遵守《中华人民共和国自然保护区条例》中规定的相关规定，最为重要的条款之一即是自然保护区核心区和缓冲区不允许开展建设项目和人类旅游活动。纳林湖位于哈腾套海自然保护区的实验区，是符合法律要求的。

2）湖泊湿地动物的生境

湖泊湿地涉及的动物主要包括鸟类和鱼类。这里需要确定鸟类和鱼类生活所需重点生境范围，也是旅游开发中的保护目标。在实际容量管理操作中，不可能将所有物种给予深入分析并进行保护，这会加重工作量和拖延过长的时间，所以在实践工作中，可以选择自然保护区内重点保护动物所需生境面积作为主要对象，以此来决定可利用于旅游的范围。

位于哈腾套海自然保护区实验区的纳林湖，目前已知的鱼类主要有鲤鱼、鲫鱼、草鱼、鲢鱼、鲶鱼，其中部分是人工养殖，均非国家重点保护动物。鸟类主要有大鸨（*Otis tarda*）、苍鹭（*Ardea cinere*）、绿头鸭（*Anas platgrhynchos*）、凤头麦鸡（*Vanellus vanellus*）、灰头麦鸡（*Vanellus cinereus*）等，其中大鸨是国家一级重点保护动物，苍鹭、绿头鸭为“三有”（国家保护的有益的或有重要经济或科学研究价值）动物，凤头麦鸡和灰头麦鸡是国家二类保护动物。良好的水质、足够面积的芦苇和香蒲等水生植物是湖泊动物必要的生境条件。

那么，湖泊内栖息的鸟类到底需要多大的生境面积，此问题无论国内还是国外都是具有很大的挑战性的问题。主要是因为不同鸟类面对不同干扰活动时的反应敏感程度差异较大[43]。鉴于现有研究的局限性，给出所有鸟类的安全空间数据十分困难，这需要大量而长期的观察和调查才能获取详细数据。在实践中可以先大致确定生物的栖息地范围，然后再在栖息地外围划出一定距离作为安全距离。

例如在纳林湖，通过笔者实地考察，认为纳林湖的芦苇和香蒲等分布区域作为鸟类主要栖息地，然后根据前面 3.1 研究结果，在植物分布区（鸟类栖息地）向外再划出 150 m 作为安全缓冲区域，剩余水面可作为适当的旅游开发。如图 6-1 所示。将芦苇和香蒲等植物分布的区域作为应该保护的区域。依据此原理，纳林湖理应从无芦苇分布稀少的北侧作为进入通道，但遗憾的是目前的开发现状是从南侧的芦苇生长区直接修建了通道和码头作为游客进入廊道，景区大门区也修建在南侧。为了在容量管理中契合现状开发的实际情况，这里将水面宽阔的湖面和已开发区域作为旅游开发区，旅游可利用面积为 95 hm^2。

图 6-1 纳林湖遥感影像

3）湖泊水质达标

根据《地表水环境质量标准》（GB 3838—2002），国家自然保护区水质应该达到 I 类标准。

纳林湖最深水位 5.0 m，平均水深 2.5 m，主要补给水源来自黄河侧渗，纳林湖的水质早前进行过全面测定[54]，从 DO 和 COD 所反映出的水质只达到 III 类标准，污染源主要来自湖泊周围农田灌溉渗水进入湖泊后形成的面源污染导致[11]。为了促使纳林湖水质达到要求的 I 类标准，重点在于防控周围农田施肥、灌溉排水等。但矛盾的是，纳林湖的维持本来就是依赖地下水补给和黄河水渠灌溉渗水补给，因而其水质难以保障。但退一步讲，作为保护区的一部分，在旅游开发中，至少可以努力去减少游船等向湖泊排放污染物的可能性，避免累积效应发生。湖泊旅游开发最常见的活动为游船巡游。研究发现，机动游船对浅湖泊可造成诸多负面影响，包括增加浑浊度、沉积物悬浮、富营养化、燃料造成烃类污染、带入病原体、湖岸侵蚀、水生植物根系被绞断等[45]。据此，这里认为在自然保护区的沙漠湖泊中，除少量的救援船只外须禁止机动船，推荐使用人力船或电瓶动力船。

纳林湖目前在湖泊南部开展旅游互动，游船主要是运送游客从南岸到达北岸以及在湖面上巡游并开展观鸟活动。此时的容量计算实际上就是计算设施容量。

4）湖面旅游容量估算

日容量计算的一般公式为

$$C=(A/a)\times D$$

式中：C—— 日容量，人次；

A—— 游览面积，m^2；

a—— 每位游客占有的合理面积，即基本空间，m^2/人；

D—— 周转率，D=景点开放时间/游客平均游完景点所需时间。

基于上述1）～3）中的分析可知除了需要保护的区域外，旅游可利用水面即A为95 hm^2。

然后需要确定a值。由于湖面和陆地不同，陆地上可以估算人均可利用面积，而湖面上游客凭借游船等水上工具进行游览，因此，这里首先计算湖面上每只游船所需合理面积a_b，然后与每只游船可容纳游客数B相乘而得到瞬时容量的值。上述公式改变为

$$C=(A/a_b)B\times D$$

每只游船所需合理面积（a_b）主要考虑游船之间的安全距离或每船所需安全面积。此方面国内研究较少，国外的研究中面临的主要挑战为不同湖泊环境情况下，游船安全所需面积差异也很大，难以有统一的标准[55]（见表6-4）。

在沙漠湖泊中，游船包括画舫和快艇等，按目前最大的画舫计算，船体长13 m，在考虑船之间的安全距离、游客满意度等因素后，参照国内外现有研究成果[55]，确定每船需占用水面 50 m×50 m=2 500 m^2，根据前述分析可计算湖泊瞬

时容量和日容量。

表 6-4　国外湖泊游船基本空间标准（a_b）

来源	活动类型	每船基本空间
Wagner（1991）[56]	所有活动	25 英亩/船
Warbach et al.（1994）[57]	机动船（>5 马力）	30 英亩/船
Diedrich et al.（2011）[55]	休闲活动	1 923 m^2/船

注：1 马力=745.7W；1 英亩=4 047 m^2。

瞬时可容纳画舫的数量为：95 hm^2/2 500 m^2=380 只，每只画舫平均可容纳人数（B）20 人，则湖面瞬时容量为：380×30=7 600 人。

对于周转率，根据观察，纳林湖每日游客滞留景区的持续时间大约为 6 h。游船平均用时 1 h，则 D 为 6。即日容量的计算结果如下：

$$C=(A/a_b)\,B\times D=(95\ \text{hm}^2/2\,500\ \text{m}^2)\,20\times 6=45\,600\ \text{人次}$$

5）湖泊旅游容量管理

需要再次强调的是上述计算的容量值须在对湖泊生态监督的条件下执行，避免传统的只限制人数而不限制旅游活动行为的粗放式管理。

在日常旅游管理监督中，首先确定鸟类日常的觅食和休息的场所及其范围，可以根据季节性变化中鸟类栖息地范围缩小或扩大而适当扩大或缩小可旅游范围，这属于动态管理措施；其次，采用非机动游船并提示游人减小噪声，然后才能执行上述计算的游客容量值，否则这个容量值就没有什么意义了；另外，湖岸上的游乐活动和观光活动也须控制噪声，或者将滑沙、越野车冲浪之类的娱乐设置在远离湖泊至少 1 km 之外。

2. 固定和半固定沙地

固定和半固定沙地是干旱沙漠生态系统中主要的生态景观类型，也是此类生态系统中动物的重要生境和重点保护植物自身的生存之地。同时也是承担着沙漠地区防风固沙等重要的生态系统服务。这里以沙坡头北景区连接门区与沙区的栈道为例。

1）遵守相关法律和标准的规定

与上述沙漠湖泊类似，旅游活动只能在实验区进行。

此外，实验区内重点保护物种分布区是应该严格保护且不允许旅游开发，如根据《中国植物红皮书》和《国家重点保护野生植物名录》中指定的一、二和三级保护植物、区域重点保护植物等。在考虑容量管理时，采用地图标示出范围，并在旅游开发中避开这些植物的分布区域。

2）维护沙地的生态系统服务

沙漠边缘地带的固定半固定沙地起到重要的防风固沙作用。因此在旅游开发中，需要维持或提高地面植被覆盖度，不得损害其防风固沙的生态系统服务能力。

从目前开发情况看，自然保护区内固定半固定沙地内旅游活动（不考虑开发建设项目时）实际上相对是最少的。由于干旱区沙地植被一般为灌木、半灌木和草本，乔木较少，总体来说景观观赏性较低，从资源开发利用角度和游客欣赏角度来说吸引力都较低。固定和半固定沙地主要作为连接游客接待区和流动沙丘娱乐区之间的廊道。

3）旅游容量计算

根据前述研究以及国内外实践，此类区域可允许游客进入，游客的进入通道不进行人为硬化路面，主张只进行 3～5 m 宽度的砾石路面，或者架空栈道，同时建议在步行道两侧修建简易栅栏。

此时旅游容量按照游道的设施容量进行估算，计算办法可按照《自然保护区生态旅游规划技术规程》（GB/T 20416—2006）的推荐方法。旅游容量计算的一般公式为

$$C=(L/l)\times(T/t)$$

式中：C —— 旅游日容量，人次；

L —— 道路长度，m；

l —— 人均空间标准，m/人；

T —— 景区开放时间，h；

t —— 平均每人走完通道所用时间，min。

在此案例中，栈道宽 5 m，可为游客提供双向通行，每位游客所需前后距离，即基本空间标准不小于 1 m，栈道总长度 458 m。

则单向行进时的最大瞬时容量为 $C_1=L/l=458\text{ m}/1\text{ m}=458$ 人；

双向行进时的最大瞬时容量则为 $C_2=458\times2=916$ 人。

对于周转率，根据现场测试，每人通过此栈道的平均时间为 8 min，如果按照每天开放时间为 8 h，则每日最大容量为

$$C= C_2\times（T/t）= 916\times（8\ \text{h}/8\ \text{min}）= 54\ 960\ 人$$

4）旅游容量管理

该类生态系统内针对游客的管理中，首要的是旅游步道建设不能直接破坏重点保护植物；其次利用架空栈道方式提供游览步道，栈道两侧采用修建栅栏的方式防止游人越出栈道之外。由于固定半固定沙地一般不是主要的旅游用地，相对来说其容量管理措施要简单一些。

3．流动沙丘

1）遵守相关法律和标准的规定

旅游活动只能在实验区进行。

2）主要保护对象

一般来说，流动沙丘区域植物非常稀少，常见的景观为零星分布灌木和半灌木，在丘间低地等水分条件较好的位置会集聚生长有灌木、半灌木和一年生草本植物等。虽然此类低盖度的植被在防风固沙等生态系统服务方面价值相对较低，但在生物多样性方面有一定的意义。因此，在开展旅游活动时，要尽量避免直接破坏植被集中生长的区域，如丘间低地等。

3）容量计算案例

基于上述分析，流动沙丘开展旅游活动时，则主要考虑旅游资源容量和旅游娱乐设施容量。资源容量在这里是指提供旅游活动的流动沙丘区面积上所能承载的人数，但实际上计算此容量意义不大。因为根据现场调查发现，大多数游客在流动沙丘区域的活动是参与游乐活动，如各类越野摩托车、骑乘骆驼等，这时候在流动沙丘的旅游容量主要是计算设施容量。

这里以沙坡头北景区为例，这里的旅游活动集中于流动沙丘区域。旅游容量的计算方式如下，计算结果见表 6-5。

瞬时容量 = 设施数量×每设施每次可容纳游客数

周转率= 景区开放时间/每设施平均每次运行时间

日容量 = 瞬时容量×周转率

表 6-5 沙坡头北景区旅游容量估算

设施	每设施可容纳人数	旺季设施运行数量	瞬时容量	全天运行时间/h	每次平均运行时间/min	周转率	日容量
骆驼	1	50	50	10	20	30	1 500
四轮摩托车	1	20	20	10	5	120	2 400
沙漠巴士	12	20	240	10	15	40	9 600
沙漠越野车	3	10	30	10	15	40	1 200
沙漠冲浪车	12	10	120	10	15	40	4 800
合计			460				19 500

需要注意的是，这里涉及的流动沙丘里的娱乐活动设施，会随着年度内的淡旺季、景区的发展而发生数量和规模的变化，因此，在类似景区进行容量估算时，应该根据当时的实际设施数量、设施承载量、运营时间等参数进行重新确定。

4）旅游容量管理

对于流动沙丘来说，容量的考虑主要是设施承载程度。而从生态影响角度出发，旅游容量管理中，要注意对娱乐活动的空间范围进行管制，避免娱乐活动，如越野车、骆驼等进入自然保护区缓冲区。同时，各类娱乐活动产生的噪声也可能对自然保护区内的动物产生干扰，因此实验区的旅游活动也需要远离自然保护区保护缓冲区边界之外一定距离。关于此安全距离，根据前面 3.2 的研究结果，至少远离 150 m。

4．容量管理模式总结

通过上述对沙漠湖泊、固定和半固定沙地以及流动沙丘旅游容量计算和管理措施的案例分析，主要是为了突出针对干旱沙漠自然保护区旅游开发中，利用旅游容量的概念对旅游地进行管理的理念，即“生态管理优先、人数控制辅助”的管理模式，表 6-6 对干旱沙漠自然保护区的旅游容量管理流程进行简要归纳，力图加深突出管理与容量值的有效结合。虽然此模式来自干旱沙漠自然保护区旅游管理的归纳，也许可以延伸使用到其他类型保护区旅游管理中。

表 6-6 管理优先、人数控制辅助的自然保护区旅游容量管理模式

<table>
<tr><th>步骤
生态类型</th><th>符合相关规定 →</th><th>生态保护要求 →</th><th>生态保护措施 →</th><th>设施容量计算</th></tr>
<tr><td rowspan="2">湖泊湿地</td><td rowspan="5">与自然保护区相关的法律法规要求，如不可在核心区和缓冲区开展旅游等</td><td>留足水鸟所需栖息地</td><td>旅游活动远离栖息地至少 150 m</td><td rowspan="5">按照《自然保护区生态旅游规划技术规程》（GBT 20416—2006）或其他标准推荐的方法计算设施容量</td></tr>
<tr><td>水质符合 GB 3838 的 I 类标准</td><td>水面禁止机动船</td></tr>
<tr><td rowspan="2">固定半固定沙地</td><td>足以提供防风固沙服务的植被区面积</td><td>尽量不在固定半固定沙地开展旅游</td></tr>
<tr><td>生物多样性保护</td><td>避开重点保护植物分布区
步道两侧须设有空隙的栅栏</td></tr>
<tr><td>流动沙丘</td><td>动物通道</td><td>开放式景区</td></tr>
</table>

第 7 章　旅游生态影响的预防和恢复措施

7.1　旅游生态影响的预防措施

只要在自然保护区开展旅游开发建设和游客旅游活动，那么这些行为对生态系统及其要素就会产生负面影响，这几乎是不可避免的。评价的重点任务是将这种影响降到最小程度或者合理程度，关于合理程度在本书关于旅游容量管理章节中阐述过了。此外，避免重大负面影响产生的有效手段便是行为发生前的预防措施。

环保行业标准《环境影响评价技术导则　生态影响》（HJ 19—2011）提出生态影响的防护、恢复与补偿的原则，可从技术标准层面来指导旅游生态影响的预防和恢复措施。此标准提出两方面的要求：一是应按照避让、减缓、修复、重建和补偿的次序提出生态影响防护与恢复的措施；所采取措施的效果应有利于修复和增强自然保护区生态功能。二是凡涉及重点保护生物物种时，必须提出可靠的避让措施或生境替代方案，且以避让为首选措施。

7.1.1　依法避让

依法避让是指根据相关法律法规，建设项目和旅游活动不能在不允许的区域内开展，已有规划和计划涉及此类区域时，必须进行避让。例如，根据《自然保护区条例》等法律法规，旅游建设和旅游活动最多只能在自然保护区的实验区开展。虽然重点保护对象主要分布在自然保护区的核心区和缓冲区，但实验区仍然为自然保护区保护对象的可能栖息地或可能生活分布区。因此在保护区内开展旅游活动时，首先要坚持依法避让措施，即按照《自然保护区条例》及相关法律法规，限制具有潜在威胁的项目进入保护区范围内。

干旱沙漠区的自然生态系统遭遇破坏后，依靠自然过程恢复需要上百年甚至更长的时间。因此，在开展旅游建设和旅游活动中，推荐将旅游建设项目尽量布局到保护区之外，游客旅游活动在满足观赏、生态教育和生态体验时，尽量少开展娱乐活动，避免娱乐活动产生的噪声对动物干扰，以及车辆碾压和游客踩踏对植被的毁坏。

7.1.2　减缓措施

减缓措施是指减少和缓和生态系统可能受到的影响而所采取的措施。根据前述对影响的评价研究，针对不同生态系统类型，在旅游开发建设和旅游活动中，采取相应的减缓措施。

1．固定半固定沙漠

固定半固定沙漠区是干旱沙漠自然保护区的主要植被分布区，为维护生态系统稳定和健康起重要作用，同时也是防风固沙服务的重要提供者。

该类生态系统类型区内，旅游建设和旅游活动中坚持“最低限度影响”，尽可能保持原有自然环境状态和自然景观。旅游开发中以开展生态旅游为主，即提供生态环境知识和教育为主，如沙漠动植物认知、生态系统服务重要性认知、荒漠景观体验等为主的活动。建设项目仅限于基本的游道建设、安全防护设施、解说和安全指示标志牌等。

游道建设：为避免和减缓对植被的直接破坏以及动物生境的影响，游道可采用悬空木质栈道，悬空高度 30 cm 左右（为爬行类动物提供通道），栈道两侧设栏杆，以防止游人随意进入荒漠植被区。

解说和警示牌：在沿途设置解说牌，对区域生态系统类型和服务、植物物种、动物物种等进行介绍。解说牌主要起生态教育目的，并提升游客生态保护意识。警示牌是指安全提示方面的标牌。

2．流动沙漠

流动沙漠是开展旅游活动的主要场所。流动沙漠里零星分布有灌木、半灌木和草本植物，虽然物种数量和个体数量较少，但仍具有固沙先锋作用、动物临时庇护所作用等。在旅游活动开发中，要注意这些零星植物的保护。

就目前来看，流动沙漠里主要开展娱乐型旅游活动，建议在开展活动中，无论骆驼、越野类车辆以及游人都尽量避免干扰植物零星分布区。可采取如下措施：

（1）针对娱乐活动经营者，保护区管理部门需开展生态知识和操作规范培训，并提出具体要求；

（2）针对游客来说，在植物分布区，设立不要破坏的警示牌。

3．沙漠湖泊

和流动沙漠相当，沙漠湖泊也是开发旅游比较集中的生态系统类型区。包括游客观赏、水面娱乐活动、湖岸休闲活动等。

为了维护湖泊湿地生态系统完整性，以不破坏湖泊湿地的原生状态为首选，包括湖面、湖岸以及湖岸以外的湿地。

环湖旅游建设项目中，环湖道路远离湖岸至少 150 m 的安全距离（见 3.2 节），在间隔至少两倍安全距离的环湖道路上引出到达湖岸的架空栈道方式的步行道，以供游客欣赏湖泊风景。

7.2 旅游生态影响的恢复措施

旅游生态影响恢复措施是指对旅游建设项目和旅游活动已经对生态影响系统及生态系统要素产生的消极影响恢复到接近原来状态的一系列行为。主要指人为恢复措施，包括人为培育和建设等。

由于荒漠生态系统植被等生态要素的自然恢复过程往往很漫长，为了避免由于植被破坏而造成土地荒漠化和水土流失等潜在问题，利用人工恢复措施是必要的。因此这里主要针对人工恢复措施进行论述。

7.2.1 固定半固定沙地

固定半固定沙地受到的冲击主要是在建设项目施工期时，原生植被被破坏和被清除。在项目建设完成后以及运营期内，进行植被恢复。植被恢复的目标一是恢复到施工前的群落特征水平，二是恢复到本生态系统演替规律的顶级群落特征水平。

干旱区植被人工恢复或重建的研究和技术已经积累了很多成果和经验。如沙坡头自然保护区自 20 世纪 50 年代开始实施的宝兰铁路中卫段沿线植被重建和修复的措施具有典型性。例如人工种植植物并恢复到具有基本的生态系统功能，首先，人工种植干旱灌木半灌木（如花棒、油蒿、柠条），沙丘逐步被固定；其次，一年生草本（小画眉、雾冰藜、刺沙蓬）植物开始大量繁衍并占据优势；最后，沙丘得以进一步固定并发育土壤结皮，深层沙层水分减少，灌木开始衰退，草本层占据优势[58]。因此，人工植被恢复需要首先从固定沙丘的目标出发，种植旱生灌木半灌木，创造荒漠生态系统进一步演替的基本条件。一般来说，旱生灌木半灌木→半灌木+草本→草本+隐花植物结皮+半灌木的演替过程很长，人工恢复的工作主要是营造演替的初始条件，即种植旱生灌木半灌木以便稳定沙丘。

由于干旱沙漠地区年均降水量不足 200 mm，在灌溉的条件下人工栽植乔木（如樟子松、小叶杨等）可以成活，一旦灌溉停止后，乔木可能在短短几年内就开始长势减缓并出现枯死的现象。因此，在人工恢复中栽植乔木不是理想的措施。

此外，在植被恢复中，尽量选取本土植物，这样既容易适应本地气候和环境条件容易成活，同时也可避免外来物种入侵的风险。例如民勤经过 40 多年的研究表明，适应民勤干旱风沙环境的抗逆性最强的植物仍然是白刺、红砂、梭梭、沙拐枣等自然选择的植物种[59]。

7.2.2　流动沙丘

根据前述调查和分析，目前旅游娱乐活动大多数布局在流动沙丘区。流动沙丘区植被十分稀疏且呈零星集中分布。主要目标是对流动沙丘进行固定。具体措施包括各类沙障固沙措施。具体可参考《开发建设项目水土保持技术规范》（GB 50433—2008）中“防风固沙工程”的技术要求，以及《水土保持综合治理技术规范　风沙治理技术》（GB/T 16453.5—2008）中“沙障固沙”部分的规定。

7.2.3　湖泊湿地

沙漠的湖泊湿地是复杂的生态系统类型，同时在保持生物多样性方面十分重要。在旅游设施建设后，如架空栈道施工完成后，应在栈桥下及周围区域恢复植被到施工期的状态，如苔草、海乳草、芦苇、香蒲等群落。

另外，施工时导致的湖岸变陡、人工浆砌护岸、湖滨湿地排干等比较严重的影响时，需要恢复原始的缓和的湖岸以为涉禽等提供合适的生境。

7.3 补偿措施

这里主要指生态功能的补偿。在空间上包括就地补偿和异地补偿。就地补偿类似于恢复，但建立的新生态系统与原生态系统没有一致性；异地补偿是在开发建设项目发生地之外实施的生态功能补偿措施[60]。

7.3.1 固定半固定沙地

固定和半固定沙地提供了重要的防风固沙服务，当建设项目和旅游活动占用较多的固定和半固定沙地时，可以在上风向的沙漠区进行人工植被补偿性建设，建设用地的宽度和长度不少于前述占用荒漠区的相应长宽规模，以达到防风固沙的作用为主要目的。

同时，固定半固定沙地是很多动物、昆虫和鸟类的栖息地，因此在异地补偿建设时，尽量与原植被群落结构和规律保持接近的水平。

7.3.2 流动沙丘

流动沙丘动植物相对很少，但流动沙丘是某些动物的迁徙通道。大规模的沙漠娱乐活动如长途沙漠越野车活动等会造成野生动物迁徙路径受阻。

7.3.3 湖泊湿地

沙漠湖泊湿地主要依赖地下水补给而存在，无论本地补偿还是异地补偿都难度很大。最重要的是在旅游开发建设中不要大面积破坏湖泊生态系统。

第 8 章　干旱沙漠自然保护区旅游生态影响评价技术

8.1　评价技术背景概况

生态影响评价是一项复杂的工作。本研究涉及干旱沙漠区域自然保护区的旅游建设项目和旅游活动的生态影响评价。相对来说，本评价工作指向的生态系统类型比较明确。无论哪种生态系统影响评价，都是在国家标准、法律法规以及因地制宜研究的基础上进行的。与该类评价工作相关的法律和制度背景有下面几个方面：

（1）环境影响评价工作中关于生态影响方面的评价正在逐渐受到重视。早期的环境影响评价工作主要针对诸如空气、地表水、地下水、土壤、固体废弃物等的影响进行重点评价，而对生态提及较少。我们可以从相关法律涉及生态术语多少大致反映对生态的关注程度，例如，1989 年版《环境保护法》中提及“生态”一词的次数为 4 次；而 2015 年版的《环境保护法》中“生态”一词提及则达到了 25 次；同样颁布较早（2002 年）的《中华人民共和国环境影响评价法》中对“生态”一词只提及 3 次。

在 20 世纪 90 年代制定的一系列“环境影响评价技术导则”中，已有涉及生态影响的的导则，即《环境影响评价技术导则　非污染生态影响》（HJ/T 19—1997），是为生态影响标准方面的里程碑。此后，2011 年版的生态影响评价导则更名为《环境影响评价技术导则　生态影响》（HJ 19—2011），而不再使用“非污染生态影响”的表述。2011 年版和 1997 年版生态影响评价技术导则还是存在较明显的差异。梁学功等[61]总结了2011年版导则相比1997年版的调整，主要集中在敏感区定义和划分、评价工作等级简化、评价工作范围、工程分析、现状调查、评价结果表达、生态保护措施要求等7个方面。总之，现行的环境影响评价工作越来越重视对生态系统的考虑，而不再仅仅从污染防治方面出发的环境质量评价。

（2）自然保护区管理方面，相关的法律、法规和标准基本上始终体现了生态系统保护的理念。与上述环境影响评价不同的是，涉及生态影响评价的系列环境影响评价导则的起草单位均来自环保行业，而涉及自然保护区的相关标准既有来自环境保护行业制定的，还有来自林业行业制定的。二者还是存在诸多差异。

（3）专门针对干旱沙漠区域生态管理方面的法律法规和标准中，除了《中华人民共和国防沙治沙法》是专门针对防沙治沙的法律外，其他有关沙漠防沙治沙的内容则包含在相关其他法律法规和标准中，如水土保持防治、自然保护区管理、环境影响评价等方面。

（4）在国家层面的与生态保护相关的规划中，也体现了对干旱沙漠自然保护区的保护要求。如2010年发布的《全国主体功能区规划》中，自然保护区被列入禁止开发区域的功能类型中，属于禁止进行工业化、城镇化开发的重点生态功能区。根据全国主体功能区规划，此类主体功能区以提供生态产品为主，农产品和服务产品为辅。此外，根据《环境保护法》，主体功能区中划为重点生态功能区的区域需要划定生态保护红线，而生态保护红线区将实行严格的管理。但这也可能与《自然保护区条例》规定的允许开发的范围和要求存在不一致的地方，存在可能的管理冲突问题[62]。

8.2 评价工作主要依据

作为环境影响评价技术中一个专项评价技术规范，需要遵循的法律、法规、标准、规章等很多，这里选取一些与旅游生态影响紧密相关的依据（见表8-1），并简述其对生态影响评价的指导内容。

表 8-1　旅游生态影响评价工作主要参考法律法规和标准

标准规范类	对旅游生态影响评价技术的指导内容
《建设项目环境影响评价技术导则　总纲》（HJ 2.1—2016）（简称《总纲》）	环境影响评价技术导则体系包括总纲、专项环境影响评价技术导则和行业建设项目环境影响评价技术导则组成。总纲对后两项有指导作用，后两项导则的制定要遵循《总纲》总体要求。也就是说“生态影响评价技术导则”是在《总纲》的指导下进行。但不论是专项环境影响评价技术导则还是行业建设环境影响评价技术导则，都是基于对环境要素的环境影响评价，而生态影响评价主要着眼于整个生态系统的影响，当然是在对生态系统要素评价的基础上进行的综合评价
《环境影响评价技术导则　生态影响》（HJ 19—2011）	该导则是目前比较全面地指导建设项目生态影响评价的技术规范。为本规范编制提供基本的评价内容框架、评价流程、评价方法等。本规范的研究中既遵循该导则要求，又围绕研究的目标区域类型（干旱沙漠自然保护区）的特殊开发建设项目和活动（旅游建设项目和旅游活动）进行深化和适宜性研究
《涉及国家级自然保护区建设项目生态影响专题报告编制指南（试行）》（环办函〔2014〕1419 号）（简称《指南》）	涉及国家级自然保护区建设项目时，应该编写生态影响专题报告。该《指南》具有比较明确的规定：①编写提纲；②评价范围：建设项目直接和间接影响区甚至整个自然保护区，重点评价范围应在项目施工边界点外扩至少 1 000 m
《建设项目环境影响技术导则　总纲》（HJ 2.1—2011）	该导则“6.9 陆生生态环境影响技术评价”对建设项目生态环境影响评价的一般原则、调查、评价、预测等给出了一般规定，为本标准制定提供参考和依据
《自然保护区生态旅游规划技术规程》（GB/T 20416—2006）	该规程涉及自然保护区内开展生态旅游时基础设施建设的标准和具体要求，为旅游生态环境影响评价提供参考依据
《生态环境状况评价技术规范》（HJ 192—2015）	该规范是对区域（县以上）生态环境状况评价中的指数选择及权重赋值以及生态环境状况变化幅度分级等提供指导，可为本规范研究中指标选择和权重等提供参考和设计思路
《区域生物多样性评价标准》（HJ 623—2011）	该标准是针对以县为评价单元的区域生物多样性评价标准，可在本规范中予以借鉴
《自然保护区生态旅游评价指标》（LY/T 1863—2009）	该指标体系标准是适用于林业系统自然保护区生态旅游评价，其指标体系可为本规范的制定提供参考
《自然保护区生物多样性调查规范》（LY/T 1814—2009）	该规范是林业部门主管的自然保护区科学考察的依据，规定自然保护区生物多样性调查的范围、周期、内容、方法、重点调查对象及成果要求。为本研究提供调查方法参考

标准规范类	对旅游生态影响评价技术的指导内容
《自然保护区自然生态质量评价技术规程》（LY/T 1813—2009）	此技术规程的“1 荒漠类型”和“附录 C”中提供了评价荒漠生态系统类型自然保护区自然生态质量评价指标体系和指标赋值，为本研究综合评估方法提供了参考和依据
《自然保护区总体规划技术规程》（GB/T 20399—2006）	规程中“2 现状评价”中关于生态质量现状评价、有效管理评价的内容和要求为本研究提供了依据和参考
国家环境保护总局等关于进一步加强旅游生态环境保护工作的通知（简称《通知》）	《通知》对旅游开发建设中的生态环境保护提出明确要求，特别是第十条提出旅游开发建设的景观相容性问题和第十二条提出针对自然保护区旅游开发相关要求

上述标准、规范和相关行政法规作为编制干旱沙漠旅游生态影响评价技术的参考内容。但主要的依据还是《环境影响评价技术导则　生态影响》（HJ 19—2011）。

8.3 评价工作等级和范围

8.3.1 评价工作等级

《环境影响评价技术导则　生态影响》（HJ 19—2011）第 3.7 中明确指出自然保护区属于“重要生态敏感区”，且在该导则的表 1 中明确“特殊生态敏感区”无论工程占地多大，评价工作等级均为一级（见表 8-2），进而指出对生态现状调查要求、生态影响评价图件要求等工作至少按照一级评价工作的要求进行。

表 8-2　生态影响评价工作等级划分

影响区域生态敏感性	工程占地（水域）范围		
	面积≥20 km^2 或长度≥100 km	面积 2～20 km^2 或长度 50～100 km	面积≤2 km^2 或长度≤50 km
特殊生态敏感区	一级	一级	一级
重要生态敏感区	一级	二级	三级
一般区域	二级	三级	三级

因此，干旱沙漠自然保护区内的旅游生态影响评价工作应按照 HJ 19 中一级评价工作的要求进行。

8.3.2　评价工作范围

旅游建设项目和旅游活动发生在自然保护区或附近时，其生态影响评价范围到底应该多大？现有标准 HJ 19 中对建设项目只提出了原则性要求而没有给出具体范围，其原因有多种[61]。但 HJ 19 同时提出评价工作范围的确定要体现生态完整性，涵盖评价项目全部活动的直接影响区域和间接影响区域。虽然此规定显得过于宽泛并在实践中需要较强的专业知识和丰富的实践经验来判定，这也正是反映了生态系统复杂、生态系统类型多样性等导致导则难以统一给出一个明确而具体评价范围。在环境影响评价技术导则系列中，部分导则给出了评价范围（见表 8-3），也可以看出评价工作内容和评价对象的差别导致的评价范围差异很大。

表 8-3　部分标准和规范中评价工作范围的规定

标准规范类	生态影响评价范围阈值
《环境影响评价技术导则　生态影响》（HJ 19—2011）	没有给出具体评价范围，但表述为：“充分体现生态完整性，涵盖评价项目全部活动的直接影响区域和间接影响区域”
《环境影响评价技术导则　非污染生态影响》（HJ/T 19—1997）（已废止）	对于 1 级评价项目，要以重要评价因子受影响的方向为扩展距离，一般不能小于 8～30 km（4.2.2）
《涉及国家级自然保护区建设项目生态影响专题报告编制指南（试行）》（环办函〔2014〕1419 号）	评价范围应包括项目建设和运营直接影响和间接影响区，以及整个国家级自然保护区的范围。在一般情况下，将距项目施工边界点外扩不得低于 1 000 m 范围作为重点评价范围，具体情况可依据项目类型、影响情况和保护区主要保护对象的不同而灵活选择（5.2.3）
《环境影响评价技术导则　大气环境》（HJ 2.2—2008）	①以排放源为中心点，以 $D_{10\%}$为半径的圆或 $2\times D_{10\%}$为边长的矩形作为大气环境影响评价范围；当最远距离超过 25 km 时，确定评价范围为半径 25 km 的圆形区域，或边长 50 km 矩形区域； ②评价范围的直径或边长一般不应小于 5 km； ③对于以线源为主的城市道路等项目，评价范围可设定为线源中心两侧各 200 m 的范围

标准规范类	生态影响评价范围阈值
《环境影响评价技术导则　地面水环境》（HJ/T 2.3—1993）	地表水调查、预测和评价范围因环境不同而差别较大，具体参见 HJ/T 2.3—1993
《环境影响评价技术导则　声环境》（HJ 2.4—2009）	在一级评价要求下： ①对于以固定声源为主的建设项目，一般以建设项目边界向外 200 m 为评价范围； ②城市道路、公路、铁路、城市轨道交通地上线路和水运线路等建设项目，一般以道路中心线外两侧 200 m 以内为评价范围； ③机场周围飞机噪声评价范围，一般以主要航迹离跑道两端各 6～12 km、侧向各 1～2 km 的范围为评价范围
《环境影响评价技术导则　造林工程》（征求意见稿）	（未按评价等级确定评价范围）①山地、丘陵造林工程环境影响评价以造林地所处边坡（山脊和山脚）为垂直界线，向上游方向外扩 200 m，向下游方向外扩 1 km 作为评价范围；②平原区造林工程环境影响评价以造林地边界外扩 200～300 m 作为评价范围；③山区、丘陵区造林工程下游有环境敏感目标（如水源保护地等）的，则评价范围应下延并包含敏感目标；④造林工程所在区域年主导风的下风方向，评价范围应适当扩展
《环境影响评价技术导则　铁路》（征求意见稿）	（未设定评价等级）（a）外侧轨道中心线外 300 m 以内区域，沙漠、荒漠地区可按实际情况扩大至 500 m 评价范围；（b）大型临时工程用地及取、弃土场界外 100 m 以内区域；（c）当特殊保护区划定边界距工程征地界 1 km 以内时，宜将其纳入调查范围，并根据调查结果确定具体评价范围；（d）对于受工程建设直接影响的原生林地或珍稀野生动物栖息地，应以动植物群落的群落交错区及边界特征为基准确定评价范围；（e）当项目建设区域有高山陡坡、峭壁、河流形成的天然隔离地貌，或位于城镇区域的线路两侧建筑可产生隔离作用时，评价范围可取隔离地物为界
《公路建设项目环境影响评价规范》（JTG B03—2006）	一级评价范围为公路用地界外不小于 300 m。当项目的建设区域外有高陡山坡、峭壁、河流等形成的天然隔离地貌时，评价范围可以取这些隔离地物为界

就目前的研究和实践来看，面向自然保护区内项目建设时，生态影响评价的工作范围到底多大？截至目前没有明确的规范。当然，由于建设项目的类型十分复杂，针对每类项目都给出一个明确的评价范围是不现实的，所以 HJ 19—2011 给出的模糊的评价工作范围实际上是让评价技术人员根据现实实际情况来确

定，采取“就高不就低”的原则，虽给评价人员相当大的灵活性，但并不是说可以任意确定评价范围或者为了减小工作量而刻意划定很小的评价范围。

本研究中指的是自然保护区，类型属于干旱沙漠型，这里针对这种特定的区域在评价时如何确定范围作一探讨。

在 HJ 19—2011 中，自然保护区属于特殊生态敏感区，在评价中是最为严格保护的类型。那么当建设项目的生态影响评价工作时，是不是就要将这种特殊生态敏感区全部划入评价工作范围呢？《涉及国家级自然保护区建设项目生态影响专题报告编制指南（试行）》（环办函〔2014〕1419 号）里指出：“评价范围应包括项目建设和运营直接影响和间接影响区，以及整个国家级自然保护区的范围。一般情况下，将距项目施工边界点外扩不得低于 1 000 m 范围作为重点评价范围，具体情况可依据项目类型、影响情况和保护区主要保护对象的不同而灵活选择”，也就是说应该将整个国家级自然保护区范围作为评价范围，但同时又指出将施工边界点外扩不少于 1 km 的范围作为重点评价范围。这里就涉及两个范围概念：评价范围和重点评价范围，但在相关国家标准和导则中，并无明确界定这两个概念以及两个概念相对应的评价内容的具体规定。按理，重点评价范围的评价工作要比评价范围更详细、更深入的。同样有学者也提出[63]，在生态影响评价中，“国家和地方审批公布的保护区域：如自然保护区、风景名胜区、森林公园、饮用水水源保护区、基本农田保护区、天然林保护区等。在一般情况下，包括整个保护区域。如果保护区域面积特别大，则可只包括和工程相关的部分区域”。

那么评价工作范围到底是否要包括整个自然保护区？我们的研究涉及的是是旅游建设项目和旅游活动对干旱沙漠自然保护区的影响。根据《自然保护区条例》等法规和标准，旅游建设项目和旅游活动只能在自然保护区实验区进行，因此，这些建设项目和活动一般是不涉及自然保护区的缓冲区和核心区的，也就是即便有旅游建设项目，也是在保护区的实验区，即位于自然保护区的边缘地带。

此外，从自然生态敏感和脆弱程度来说，沙漠类型自然保护区生态敏感性和脆弱性内部差异性较大，如面向植被时，固定半固定沙地脆弱性敏感性高、流动沙丘的生态脆弱敏感性较低；面对动物时，干旱沙漠地区动物物种多样性相对较低，尤其大型动物很少。

因此我们认为，在干旱沙漠自然保护区内的建设项目和旅游活动进行生态环境影响评价时，评价工作范围一般没有必要包括整个自然保护区。

根据前面以沙坡头为案例的研究以及上述的分析，在干旱沙漠自然保护区的实验区以及外围地区进行旅游建设项目时，将重点评价工作范围确定在建设项目和旅游活动区域边界外扩 1 000 m。当然，实际评价工作中，对整个自然保护区的基本情况进行简要调查是必要的。

8.4 生态现状调查与评价

生态现状调查是生态现状评价、影响预测的基础和依据。

现状调查是评价工作的前提和基础。包括对自然保护区整体的生态调查以及对评价工作范围内的生态调查和评价。二者从空间范围上存在重复，但调查重点有差异。对整个自然保护区进行调查的目的是全面认识自然保护区的各类属性特征以及存在的主要问题；而对评价工作范围内的生态调查和评价的目的是深入认识生态系统及其各要素的属性特征及存在的问题，为后面的生态影响预测评价提供基础和依据。

8.4.1 自然保护区生态现状调查

自然保护区生态现状调查是对整个自然保护区以及周边区域现有生态状况有全面的认识，相当于区域调查。该调查比评价工作范围在空间上要大，但该调查比评价工作范围调查的翔实程度要求低一些。

调查包括对生态系统的类型、结构、功能和过程有了基本的认识，为接下来的评价和预测奠定认知基础。针对干旱沙漠自然保护区，主要的调查对象和内容以及调查方法在一般性的规范指引下开展，同时注意干旱沙漠区域的特殊性。

1．生态现状调查对象、内容和主要指标

调查与生态系统类型相关的非生物因子特征，如包括气温、降水、蒸发量等气候条件，包括植被覆盖度和物种种群类型等植物情况，包括地表生物结皮、浅层地表水分垂直分异等土壤环境，地貌、水文与水文地质等。

表 8-4　干旱沙漠自然保护区生态现状调查对象、内容和主要指标

调查对象	调查内容	主要指标
气候	温度 降水和蒸发 温度 风	年均温度，极端气温 年均降水量、逐次暴雨雨量；潜在蒸发量 年均温度，极端温度事件的温度值 年均风速，大风事件风速（含尘暴次数）
地貌	形态	类型，海拔，高差
土壤	土壤结构 土壤水分	土壤类型，生物结皮面积、厚度 土壤水分含量、随深度分布
地表水	沙漠湖泊特征 常年或季节性河流特征	面积，等深线，透明度，水环境质量参数值 常年性河流流量，季节性河流的来水季节、流量
地下水	基本特征	埋深，来源，地下水流向
植物	基本特征	类型，分布，面积，盖度，建群种与优势种，生物多样性，净初级生产量
动物	物种多样性，生境条件，空间分布，种群特征	多样性指数，种群密度
生态问题	水土流失 沙漠化 盐渍化	面积，分布，侵蚀类型，侵蚀模数 历史演变，面积及变化速率，原因

干旱沙漠自然保护区重点需要调查对象包括：重点保护对象，包括重点生态系统类型、重点保护野生动植物等；生态系统主要功能和服务，包括防风固沙服务、国家珍稀濒危动植物及其栖息地；目前存在的来自自然环境和人类活动干扰的压力及其类型，以及导致的主要生态问题，如土地沙漠化、土壤盐渍化、风蚀水土流失等；是否存在违反《自然保护区条例》和相关法律法规的开发建设活动，并评估其已造成的影响。

由于干旱沙漠自然保护区属于特殊生态敏感区，此类自然保护区往往分布在沙漠及其边缘地区，其防风固沙生态系统服务非常重要，一旦受到严重破坏，将会影响绿洲农业生产安全和居民生活安全，同时也对自然保护区的保护作用伤害很大。

2．社会经济现状调查

通过对保护区以及周边地区的社会经济情况进行调查，来了解人类活动对自然保护区生态系统及要素的压力类型、规模和程度等，这对理解自然保护区面临的生态问题及其社会经济原因具有重要意义。虽然生态环境影响评价工作重点在对要评价的建设项目或旅游活动产生的影响进行评估，但来自区域的社会经济活动影响可能会与旅游有着重叠的部分，可能会产生累积生态影响。社会经济的简要调查包括如下方面：

经济发展方面，保护区及周边居民的生活方式以及是否依赖自然保护区内部的自然资源，以此来推断周边居民对自然保护区自然环境产生的压力，如耕种、樵采、采集、放牧、开发旅游、采砂/沙、药材贸易、皮毛贸易等。

社会方面，保护区及周边的社会情况同样会影响保护区的自然资源利用压力，目的是将自然保护与社会情况协调起来，避免就自然论自然的传统单一评估理念，为保护区的可持续保护和发展提供基础。如保护区内居民在移民政策实施情况下，当地民俗对保护区内某自然环境的依赖、保护区周边社区参与到保护区内旅游开发的程度以及支持或反对的态度，保护区内的居民对主动保护自然生态具有不可低估的作用。

3．调查方法

上述调查内容涉及的具体数据和资料，可以通过搜集二手资料、现场补充性测量、社会问卷调查等间接和直接方式获取。

气候、地貌、地表水、地下水、土壤、动植物和生态问题等均优先通过搜集二手资料获取。例如自然保护区考察报告，特别是国家级自然保护区大部分都有综合考察报告，但部分数据可能已经过时，则需要在相关部门获取对应的新的数据以补充；地方志也是获取诸如地质地貌、气候等长时间尺度上不易发生变化的要素数据。

自然保护区的基础资料包括自然保护区范围、功能分区、物种清单、群落特征、生态系统类型、非生物因子特征等。这些基础资料一般获取途径包括自然保护区综合考察报告、遥感影像解译、自然保护区数据库、科学研究文献等。

社会经济方面的调查，通过当地统计年鉴、相关部门、社团群体的走访调查、当地居民走访和问卷调查等。

8.4.2　评价工作范围生态现状调查

在对自然保护区及区域生态和社会全面了解的基础上，对评价工作范围内的生态现状进行调查和评价。相对前者，后者要更细致和深入。

基于项目边界和旅游活动区边界并合理外扩而形成的评价工作范围是后续调查和评价工作的重点区域。虽然评价工作范围包含的空间只是自然保护区的一部分，但在工作中，仍然要从生态系统完整性、自然保护区完整性出发进行考虑，对旅游可能涉及的生态系统和要素做尽量全面的思考，因为这是基于对生态系统复杂性考虑的。

评价工作范围内的调查内容部分与前述的自然保护区区域调查对象、内容和指标相近。结合相关专业规范，以及贾生元编著的《生态影响评价理论与技术》[9]，评价区主要调查包括如下：

（1）地质、地貌。调查影响范围内的地质背景、地貌形态和特征；

（2）河流水系。河流所属流域、水系、干支流分布情况、水文特征、水体功能、河道生态需水量、水生动植物、水源保护等。季节性河流的洪水季节和流量以及潜在的危害。

（3）动植物。调查野生动植物的种类、分布、主要动植物名录。国家级和省级保护物种、珍稀濒危物种和地方特有物种时，应逐个说明其类型、等级、分布、保护对象、功能区划、保护要求等。调查按照 HJ 19—2011 规定的一级评价要求，应给出采样地样实测、遥感等方法测定的生物量、物种多样性等数据，给出主要生物物种名录、受保护的野生动植物物种等资料。

（4）土壤。调查土壤类型、结构、分布、养分、土壤质量。土壤生物结皮空间分布和浅层地表土壤水分差异。

（5）土地利用。按照《土地利用现状分类》（GB/T 21010—2007），调查评价区、项目占地区的土地利用现状。关于土地利用的分类调查，有生态评价实践工作者提出不同意见，认为在生态影响评价和生态制图中，按照《生态环境状况评价技术规范》（HJ 192—2015）和“中国 1∶10 万土地利用数据”（中国西部环境与生态科学数据中心 http：//westdc.westgis.ac.cn）中的土地利用类型，即 6 个一级类型（耕地、林地、草地、水域、城乡工矿和居民用地、未利用土地）和 31

个二级类型进行分类比较符合生态评价的需要，这是因为 GB/T 21010—2007 主要目的是进行土地规划和利用的，且对建设用地分类很细，但对于生态影响评价来说，HJ 192—2015 按照生态环境质量的贡献度来评估是比较合理的。因此，在针对干旱沙漠自然保护区的生态调查中，我们倾向于采用此思路，同时结合了林业行业部门《自然保护区土地覆被类型划分》（LY/T 1725—2008）对案例区进行土地用地分类。

（6）水土流失。主要是风力侵蚀为主，调查水土流失功能区划、水土流失主要诱发因素、水土流失强度及分布、现状及规划的水土流失治理工程。

（7）生态系统。调查生态系统类型、结构（包括组成成分和生态系统中的格局）与功能、分布范围、演替趋势等。主要包括荒漠生态及沙漠湖泊生态系统。

（8）生态功能区划。调查区域生态功能、特征、问题、发展趋势、保护目标、要求采取的措施等。

8.4.3 评价工作范围生态现状评价

生态现状评价是在上述现状调查资料的基础上，采用定性或定量的方法，表达出评价范围内生态系统和生态因子的状况。通俗地说，现状评价的目标就是告诉我们评估评价范围内生态系统和生态因子的“好坏”程度、或偏离“正常”的程度。

在阐明生态系统现状的基础上，评价生态系统的结构与功能状况（如防风固沙和生物多样性保护等主导生态系统服务）、生态系统面临的压力和存在的问题、生态系统的总体变化趋势等。

分析和评价受影响区域内动、植物等生态因子的现状组成、分布；当评价区域涉及受保护的敏感物种时，应重点分析该敏感物种的生态学特征；当评价区域涉及特殊生态敏感区或重要生态敏感区时，应分析其生态现状、保护现状和存在的问题等。

各类建设项目在评价工作范围内的生态影响评价见《环境影响评价技术导则》系列中各自的规定。这里以干旱沙漠自然保护区内已有的旅游建设项目和旅游活动为主要对象，构建生态现状评价方法。

1．符合相关规定

从制度层面看，根据与自然保护区相关的法律、法规等要求，对涉及自然保护区的旅游建设项目和旅游活动现状进行总体性评价。法律法规虽没有涉及具体生态系统要素指标，但相关资源和环境的保护性法规在其制定过程中是经过科学论证的，其预防性的规定一旦被违反，则其潜在威胁就会产生。

根据《中华人民共和国自然保护区条例》（简称《条例》）对自然保护区各功能区（核心区、缓冲区和实验区）的使用要求进行评估。根据《条例》第二十七条、第二十八条和第二十九条的规定，简言之就是：核心区禁止任何人进入；缓冲区禁止开展旅游和建设性活动；实验区在加强管理下可开展旅游活动。据此可以给出旅游开发对自然保护区生态系统整体影响的初步判断。所以，从法律法规层面出发，如果一旦在缓冲区甚至核心区出现旅游建设和旅游活动，则该项评价分值为最大值。

此外，在允许进行的旅游活动的实验区内，也要控制旅游开发规模。根据对沙坡头及相关沙漠景区的分析发现，一般旅游开发建设项目及旅游活动所需面积不高于实验区的 20%，因此这里按照旅游开发建设和旅游活动所占用面积占缓冲区面积的比例，并划分为 5 个级别（0%～5%，5%～10%，10%～15%，15%～20%及 20%以上）进行评价。

2．生态因子影响评价

干旱沙漠区域自然保护区重点评价的生态因子包括植物、野生动物、土壤（结皮）和地表水，同时还得考虑管理方面的要素。根据旅游开发建设项目和旅游活动的特点，对自然保护区生态因子的影响如表 8-5 所示。

表 8-5　干旱沙漠自然保护区旅游对生态影响指标体系

因子	指标	旅游主要影响
生态系统	自然生态完整性	旅游对生态系统结构和功能的影响
	生态系统自然性	旅游对自然保护区生态系统、主要保护对象的干扰程度
植被	植被覆盖度	开发建设项目占用、游客旅游活动踩踏等
	物种多样性	开发建设项目清除植被；旅游景区绿化和美化中引入外来物种
	珍稀物种	开发导致特有物种/重点保护物种数量减少或消失

因子	指标	旅游主要影响
动物	动物生境	旅游开发建设项目和旅游活动破坏动物生境
	重点保护动物	旅游开发对保护区重点保护动物物种、数量、生境影响
土壤	土壤表层结皮	开发建设和游客活动破坏结皮层
	土壤容重	土壤紧实度发生改变，增加侵蚀风险
地表水	悬浮物、浑浊度	污水排放和游船等导致水质变差，对水生动物生境影响
	含氧量、营养物（氮、磷含量）	水质富营养化威胁
	粪大肠杆菌群	旅游对娱乐用水水质影响
管理水平	容量管理	是否按核定的环境容量接待游客
	管理条件	有专门的管理机构、并进行管护和监测工作

1）植物

干旱沙漠区的植物是最为重要的生态要素，是提供防风固沙、生物多样性保护的基础。

旅游开发建设和旅游活动对植物的影响主要表现在开发建设项目直接毁坏植被的行为，如在施工前后过程中，彻底铲除植被，导致植被覆盖度降低。旅游开发中，对缓冲区的植被不可能不产生破坏，但可以通过后续恢复措施得以一定程度的恢复。这里主要考虑的是破坏规模的大小。理论上应该考虑植被遭受破坏对整个生态系统的影响进行系统分析，在实践评价工作中可以考虑以植被破坏规模占旅游开发建设区域面积的比例来粗略反映。根据经验研究结果，分为 5 个级别（0%～5%，5%～10%，10%～15%，15%～20%及 20%以上）进行评价。

植物的物种多样性需要进行深入调查可以获取其多样性相关指标，在评价中可以根据现有资料进行整理和评价，对于自然保护区来说特有植物和特别保护植物对于物种多样性具有较强的生态学意义。因此选择旅游开发建设和旅游活动是否对涉及特有植物分布区域或者是否对特有植物产生直接破坏作为评价指标是具有重要意义的。保护区的特有植物/重点保护植物一般来说数量较少，对其保护要求严格，只要开发建设项目有破坏特有植物/重点保护植物的行为就视为比较严重的影响。

此外，旅游开发建设中对植被和植物物种多样性负面影响几乎是不可避免的，只是程度的差异。目前针对这种情况，国际上比较关注受影响生态系统的恢复力问题。干旱荒漠地区自然生态系统总体来说其抵抗力较低而恢复力较高。当然要根据其可恢复的条件来定，由于荒漠生态系统植被生长的主要限制条件是水资源，有的保护区具备灌溉条件而有的不具备；有的保护区地下水丰富而有的不丰富。如沙坡头保护区有来自黄河灌渠和较浅地下水的供给，只要采取相应的人工恢复措施就能较快地进行植被恢复工作。因此，这里按照水资源约束下的植被恢复可能性评价植被恢复能力，分为无灌溉条件且不易恢复、无灌溉条件但较易恢复、有灌溉条件易恢复三个定性指标来评价。

2）动物

旅游活动对动物的影响主要是表现在对动物的正常觅食、繁育等行为的干扰，以及游客投食等行为改变动物（如鸟类）的生活习惯。旅游开发建设项目可能会对动物栖息地产生直接的影响，如直接导致栖息地丧失或者由于道路建设导致动物生境隔离等后果。

3）土壤

旅游开发建设项目和游客旅游活动对干旱区荒漠生态系统土壤要素的影响行为主要为建设工程施工中对表土层的剥离和游客踩踏对土壤表层及其结皮的破碎化作用。

4）地表水

主要是指湖泊水。湖泊水质的恶化的结果：一是对旅游效果产生负面影响；二是对水生植物、动物的影响。后者在生态学上具有重要意义。一般而言，旅游对水质的影响主要表现在水质的几个指标上：悬浮物、浑浊度、含氧量（BOD_5、COD）、营养物（氮、磷含量）、大肠杆菌。这些指标均可以通过相应方法进行测定。水质的判断可根据《地表水环境质量标准》（GB 3838—2002）来执行，虽然标准中指出适用于“娱乐用水区”的标准达到Ⅳ类即可满足其功能，但考虑到自然保护区对珍稀水生生物栖息地的保护要求，需要满足Ⅱ类及以上标准。

5）管理水平

是否按照已经核定的旅游容量管理措施进行管理，或者是否已经编制旅游区容量管理方案。此外，是否有长期的监测和旅游旺季的实时监测等。这些措施对于减少自然保护区内旅游的负面影响有至关重要的作用。

3．旅游生态影响现状评价指标体系

鉴于目前大多数自然保护区均存在旅游开发现象，因此，对于目前开发的旅游活动进行现状影响评价就显得很有必要，因此，这里构建针对现有旅游开发的生态影响评价指标，也为后续正在开发的项目的预测影响评价给予借鉴。

1）指标体系构建原则

（1）系统性原则：充分考虑到荒漠生态系统主要的生态要素、各要素之间的内在联系，既要考虑反映生态要素的指标之间有逻辑关系，同时又不能重复。

（2）典型性原则：确保指标体系具有一定的地域典型性。尽可能反映干旱沙漠自然保护区的荒漠生态系统特点，并具有干旱沙漠地区的普适性。

（3）可操作和可量化原则：指标体系的构建是为区域政策制定和科学管理服务的，指标选取的计算量度和计算方法必须一致统一，各指标尽量简单明了、微观性强、便于收集，各指标应该要具有很强的现实可操作性和可比性。

（4）综合性原则：要全面考虑旅游开发可能的影响因素和影响对象要素，既要考虑全面，但同时也要相对简洁。

2）旅游生态影响现状评价因子和指标筛选过程

前述分析和研究中将旅游开发与旅游活动对干旱荒漠生态系统可能的影响要素进行了整理，为旅游生态影响现状评价体系构建提供了基础。为了在评价实践工作中便于操作且又不影响评价结果的准确性，需要将一些获取数据和调查时间较长的定量指标转换为便于观察和操作的定性描述指标，同时也将管理能力等间接指标纳入评价体系中。指标体系筛选的简要过程如图 8-1 所示。

3）旅游生态影响现状评价指标体系

旅游生态影响评价分别从对生态系统整体的影响、生态系统因子影响以及历史文化遗迹等方面来判断影响的程度。采用一般评价中常用的层次分析方法，这种方法虽然不甚完善，但在评价实践中容易操作，特别对于时间要求比较紧迫的开发建设项目和旅游活动的生态影响评价中。

评价目标层由保护区生态系统完整性、保护区生态系统主要因子（植物和动物、地表水环境）、保护区管理能力等构成，确定这几类因子在权重（各因子权重之和为 100）。对各因子的评价则选择能比较全面反映该因子内涵的数个指标，然后将各指标进行按照旅游开发影响的程度进行分级，各分级对应不同的赋值。

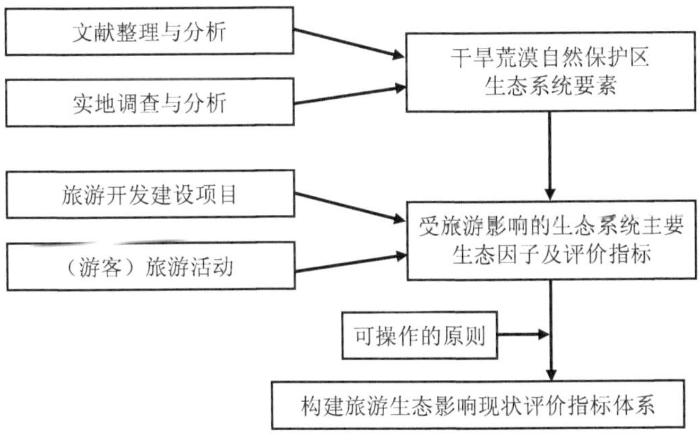

图 8-1　旅游生态影响现状评价指标体系筛选过程

最后，在评价工作中，给每个指标进行打分，最后将打分值合计，即为旅游生态影响评价结果。然后按照评价结果分级判断影响的水平（见表 8-6）。

表 8-6　干旱沙漠地区自然保护区旅游生态影响现状评价指标体系

评价因子	分值	指标	指标分值	赋值		
生态系统完整性	20	空间结构完整性	10	不完整 10～8	一般 7～4	完整 3～0
		营养结构完整性	10	不完整 10～8	一般 7～4	完整 3～0
植被和植物	30	植被覆盖影响	10	严重 10～8	较严重 7～4	一般 3～0
		重点保护植物物种	10	严重 10～8	较严重 7～4	一般 3～0
		植物物种多样性	10	严重 10～8	较严重 7～4	一般 3～0
野生动物	20	动物生境栖息地	7	严重 7～6	较严重 5～3	一般 2～0
		重点保护野生动物物种	7	严重 7～6	较严重 5～3	一般 2～0
		噪声影响	6	明显 6～5	较小 4～2	微弱 1～0
区域生态问题	10	沙漠化	10	严重 10～8	一般 7～4	微弱 3～0
管理能力	20	旅游生态容量管理	10	弱 10～8	一般 7～4	好 3～0
		监测措施	10	无 10～8	少量 7～4	全面 3～0
	100	说明：分值越大，表明影响程度越大				

表 8-6 中各因子评价标准如下：

A.1 生态系统完整性

A.1.1 空间结构完整性

- 不完整，旅游开发占用核心区和缓冲区；
- 一般，旅游开发占用只涉及实验区；
- 完整，保护区范围内无旅游活动。

A.1.2 营养结构完整性

- 不完整，旅游开发导致生态系统生物组分减少，并导致食物链环节减少；
- 一般，旅游开发导致生态系统生物组分减少，但未导致食物链环节减少；
- 完整，旅游开发对生态系统生物组分和食物链未产生明显影响。

A.2 植被和植物

A.2.1 植被覆盖影响

- 严重，旅游活动使实验区植被覆盖下降幅度≥10%；
- 较严重，旅游活动使实验区植被覆盖下降幅度 5%～10%；
- 一般，旅游活动使实验区植被覆盖下降幅度≤5%。

A.2.2 重点保护植物物种

- 严重，CITES 附录 I 或附录 II 中的物种或国家 I 级重点保护野生植物物种在旅游活动区域内消失；
- 较严重，国家 II 级重点保护野生植物在旅游活动区域内消失；
- 一般，有经济价值的植物在旅游活动区域内消失。

A.2.3 植物物种多样性

- 严重，旅游活动导致一种以上物种从保护区消失，或旅游活动引入外来物种并发生物种入侵现象；
- 较严重，旅游活动未导致物种从保护区消失，且旅游活动引入外来物种但未发生物种入侵现象；
- 一般，旅游活动未导致物种从保护区消失，且旅游活动未引入外来物种。

A.3 野生动物

A.3.1 野生动物栖息地

- 严重，生境特有性被明显改变，连通性发生明显阻断现象；

- 较严重，生境特有性发生轻微改变，生境连通性发生改变；
- 一般，特有生境未明显破坏，生境连通性好。

A.3.2 重点保护野生动物物种

- 严重，对 CITES 附录Ⅰ或附录Ⅱ中的物种或国家Ⅰ级重点保护野生动物的生境和动物个体产生破坏；
- 较严重，对国家Ⅱ级重点保护野生动物的生境和动物个体产生破坏；
- 一般，对有国家保护的有益的或者有重要经济、科学研究价值的陆生野生动物的生境和植物个体产生破坏。

A.3.3 噪声影响度

- 明显，旅游活动距离保护区缓冲区边界≤150 m；
- 较小，旅游活动距离保护区缓冲区边界≤150 m；
- 微弱，旅游活动距离保护区缓冲区边界＞150 m。

A.4 区域生态问题

A.4.1 沙漠化

- 严重，旅游建设项目和旅游活动导致土地覆被由固定或半固定沙地变为流动沙地；
- 一般，旅游建设项目和旅游活动导致土地覆被由固定或半固定沙地变为流动沙地，但至少在运营期进行了植被恢复；
- 微弱，旅游建设项目和旅游活动未导致沙漠化现象。

A.5 管理能力

A.5.1 旅游生态容量管理

- 差，旅游接待量经常超过生态环境容量限定；
- 一般，旅游接待量偶尔超过生态环境容量限定；
- 好，旅游接待量不超过生态环境容量限定。

A.5.2 监测措施

- 差，没有针对旅游活动影响的生态监测措施；
- 一般，有针对旅游活动对植物和动物基本要素影响的生态监测措施；
- 好，有针对旅游活动对生态系统全面影响的生态监测措施。

A.6 评价分值

根据所指定的评价指标、赋分标准和计算公式，确定分值（见附录 A）。

干旱沙漠自然保护区旅游生态影响分值＝生态系统完整性分值＋植被和植物分值＋野生动物分值＋土壤表层环境＋环境质量分值＋管理能力分值

A.7 评定方法与等级

选择 5 个以上有关自然保护区或自然保护区和旅游交叉学科的专家进行打分，然后对各个专家的评价进行综合考虑后确定分值。

干旱沙漠自然保护区旅游生态影响的评价分值总分为 100 分，评定等级为 5 级如下：

——Ⅰ级：86～100 分，自然保护区受旅游活动影响严重；

——Ⅱ级：71～85 分，自然保护区受旅游活动影响较严重；

——Ⅲ级：51～70 分，自然保护区受旅游活动影响一般；

——Ⅳ级：36～50 分，自然保护区受旅游活动影响较弱；

——Ⅴ级：≤35 分，自然保护区受旅游活动影响微弱。

8.5 生态影响预测与评价

生态影响预测是对自然保护区内将要进行的旅游开发建设项目、规划的各类旅游活动形式等，在建设过程中和运营过程中对生态系统及其要素可能产生的各种影响的判断。

生态影响预测与评价内容应与现状评价内容相对应。因此这里主要列出预测评价框架，具体评价内容可参考 8.4 节的内容。

对拟建设的旅游项目和可能的游客旅游活动，需要对下列方面进行预测评价：

（1）影响可能涉及的自然保护区主要生态系统类型、可能涉及的生态系统完整性的影响行为，以及对生态系统完整性潜在的影响后果。预测生态系统组成和服务功能的变化趋势，重点关注其中的不利影响、不可逆影响和累积生态影响。

（2）影响可能涉及的自然保护区主要生态因子，包括植物、动物、土壤（结皮）、地表水和景观等。通过分析影响作用的方式、范围、强度和持续时间来判别生态因子受影响的范围、强度和持续时间。

（3）预测评价项目对区域现存主要生态问题的影响趋势。如是否加强或减弱了土地沙漠化趋势，是否增强或减弱了水土流失等。

第 9 章　典型区旅游生态影响评价示范

9.1　宁夏中卫沙坡头国家级自然保护区旅游生态影响

9.1.1　保护区概况

见 1.4.1 节。

9.1.2　现状调查与评价

现状调查见 1.4.2～1.4.4 节。

现状评价主要是针对自然保护区整体的现状评估，也可以包括现有旅游建设项目和旅游活动对自然保护区现状生态影响进行评估。

（1）自然保护区整体现状评估在此做简要论述。沙坡头自然保护区属于半自然半人工的复合生态系统，人工栽培和抚育对保护区植被状况起重要作用，在“三北”防护林建设工程和环保科普基地等诸多建设项目的支持下，保护区的防风固沙功能得以继续发挥作用。自然和人工复合生态系统整体处于稳定状态，生物多样性得以提升。除旅游活动外，其他人类活动对生态系统的干扰微弱。

（2）旅游建设项目和旅游活动对自然保护区目前生态系统影响评价。本书前述对旅游对土地覆被变化、植物、野生动物、湖泊水环境质量等进行了详细的分析，在此进行简要总结。沙坡头保护区及周边地区开发活动已 30 余年，主要是近 10 多年的快速发展，建设的旅游设施和游客的旅游活动对保护区的生态系统产生一定的负面影响和潜在的风险。

土地覆盖方面，旅游设施建设一方面改变了原有土地覆被格局，使得局部区域土地利用格局发生明显变化，如马场湖和高墩湖扩大和连通工程（也是退渔还湖生态工程的一部分）一方面扩大了水域面积，另一方面也改变了原生态景观格局，水生植物和动物需要一定的时间进行恢复。

植物方面，旅游项目建设施工期的活动对施工范围内的植物将掩埋、碾压或铲除，地表植被几乎丧失殆尽，一般在运营期采取人工复种并配合浇灌会快速恢复。此外，游客活动的局部地段植被被践踏，植物盖度和高度均发生明显下降，但影响范围有限。保护区现有的保护植物、珍稀濒危植物等得到有效保护，旅游开发区域未直接涉及此类保护对象。

野生动物方面，鸟类是吸引游客的重点对象，旅游对鸟类的负面影响在于游客噪声和近距离活动对鸟类繁殖、取食等产生干扰，但同时部分鸟类也有适应人类的活动的表现。对其他野生动物来说主要是道路、围栏和游客活动线路对动物迁移路线形成隔离影响。此外各种噪声对保护区缓冲区乃至核心区的动物也可能产生直接或间接的影响。

水环境质量方面，在旅游设施未发现直接排放污水和固体垃圾的情况下，旅游区水质部分指标仍然不达标，此情况可能是沙漠区沙尘吹入或者也是动物引水等未知因素导致，目前尚不明确。

9.1.3　旅游生态影响预测

前述均为现状评价，包括对自然保护区整体的生态评价和现有旅游项目和活动的生态影响评价。对于将要进行的旅游项目或旅游活动，对其可能产生的生态影响进行预测性评价，是为了更好地避免不符合生态健康和安全要求的不当行为。

本研究进行评价期间没有正在开发的新建项目，这里以九龙湾 2013 年扩建项目为例进行简要预测影响评价。九龙湾景区位于沙坡头自然保护区西南部，介于包兰铁路与黄河之间，现有项目主要有大门区的沙雕、停车场，滑沙区、沙砾铺设的两条汽车道，一条位于黄河北岸陡坡上缘与铁路东侧护林带边缘之间，另一条顺缓坡直达黄河边。

大门区对自然保护区的影响主要是改变了原来铁路下风向护林带的土地覆被情况，由乔木林地、灌木林地改变为建设用地，破坏了铁路防护林带的完整性，减弱了防风固沙作用。

黄河陡坡上源修建的公路，在未来车辆较多时，其震动和碾压会对沙坡的稳定性产生影响，路缘沙砾和沙粒下泄，对陡沙坡现有植被会造成破坏，加剧陡沙坡后退速度，进而加剧黄河对坡岸的侵蚀。

缓坡上的砂石公路修建过程中破坏了部分固定沙丘及其植被，对沙丘稳定性产生局部影响。此外公路尽头黄河岸边的停车场也侵占了河岸湿地区域。随着游客增多和车辆增多，路面可能的拓宽措施和扬尘等会直接或间接影响该区域沙生植物，汽车和游客噪声对河岸湿地动物栖息地也会产生负面影响。

总体来说，此景区的现有及正在扩建的建设项目对自然保护区的生态系统完整性有影响；道路建设对沙坡稳定性有潜在的负面影响。

9.2 内蒙古哈腾套海国家级自然保护区旅游生态影响

9.2.1 保护区概况

内蒙古哈腾套海国家级自然保护区（简称“哈腾套海保护区”）位于内蒙古自治区巴彦淖尔盟磴口县西北部的乌兰布和沙漠的东缘，总面积为 12.36 万 hm^2，主要保护对象为荒漠植被生态系统和珍稀濒危野生动植物及其生存环境（见图 9-1）。

哈腾套海保护区内已有的旅游建设项目和旅游活动主要位于实验区的纳林湖景区，2013 年被批准为 4A 级景区（见图 9-2）。

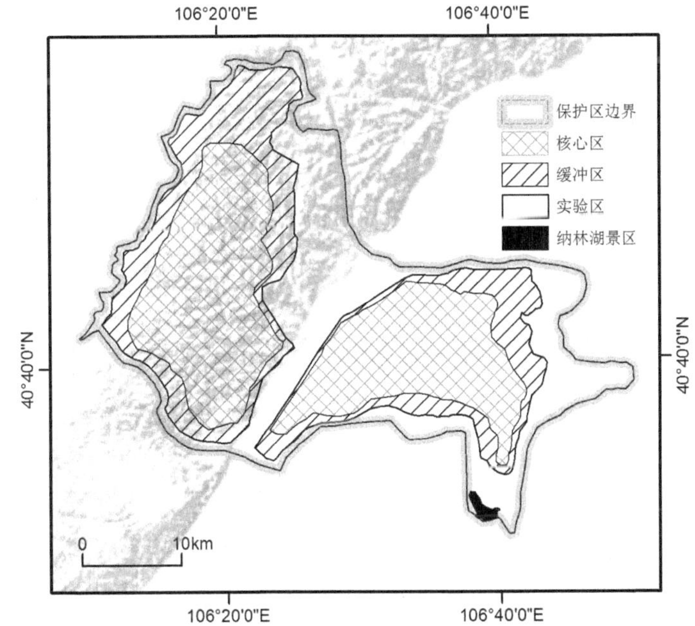

图 9-1　内蒙古哈腾套海国家级自然保护区功能分区

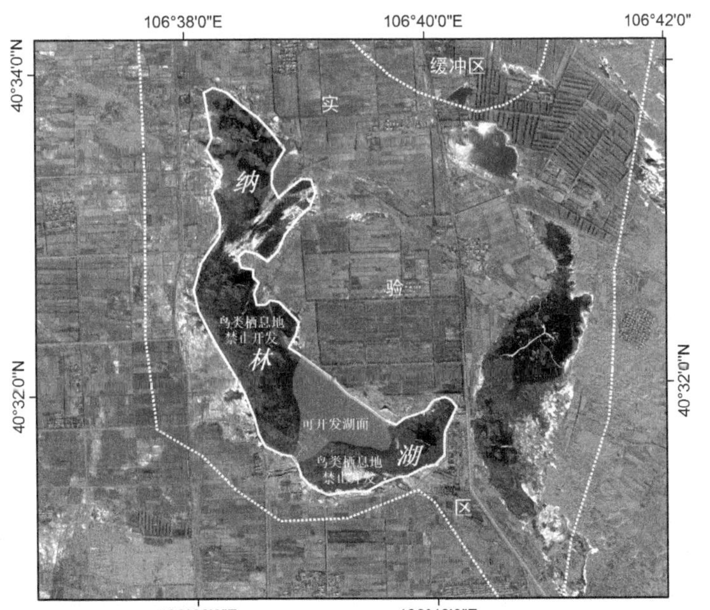

图 9-2　纳林湖位置

9.2.2 现状调查与评价

1．区域生态现状调查与评价

哈腾套海保护区从地貌上看，大致可以分为两部分，即西北部的山地地区和东南部的河套盆地区域。纳林湖景区位于河套盆地区域，主要为荒漠生态系统中的子系统，即湖泊湿地生态系统类型。

保护区的植被为典型的荒漠植被，如绵刺、沙冬青、梭梭、红砂、霸王柴等荒漠植被等。最具特色的是沙冬青荒漠植被，它是亚洲中部荒漠唯一现存的特有常绿灌木，且内蒙古地区是我国仅有沙冬青的地区。哈腾套海自然保护区为我国沙冬青分布最东端，且面积大，并仍处于自然状态，因而成为该物种生态地理区中最典型、最具特色的代表。

植物区系的生活型十分独特。哈腾套海自然保护区的野生植物中，乔木树种只有 2 种，且十分罕见，而灌木和半灌木植物是自然保护区最基本的生活型类群，占总科数的 36%，其中属于超旱生的灌木或半灌木有 38 种（野生种），占总种数的 27%。多年生草本植物虽占总种数的 43%，但均为伴生成分，只有个别种组成小的群落或层片。1～2 年生草本植物占 22%，主要随季节性降雨而出现，具有明显的区域性特色。

保护区的动物也具有典型的荒漠特色，如盘羊、大鸨、黑鹳、荒漠猫、沙鼠等均是荒漠地区所特有的动物种类。

保护区有陆生野生动物 95 种，有国家重点保护野生动物 22 种，其中国家一级保护动物有 6 种，国家二级保护动物有 15 种；属于《濒危野生动植物种国际贸易公约》附录Ⅱ的动物有 10 种；属于《中日保护候鸟及其栖息环境协定》的保护鸟类有 17 种；属于《中澳保护候鸟及其栖息环境协定》的保护鸟类有 6 种。

2．区域主要生态问题

保护区主要存在的潜在的沙漠化威胁。除大尺度气候变化影响因素外，本地的原因主要是由于地下水位下降导致成干涸湖泊增多，梭梭林、柠条林、红柳林大面积死亡，新沙化地不断增加。

3．旅游影响区生态概况

涉及哈腾套海保护区的旅游开发主要集中在保护区实验区的纳林湖景区。

根据现场调查和自然保护区考察报告等资料，纳林湖作为沙漠湖泊湿地生态系统类型，主要的动植物物种包括：

主要植物物种：芦苇（*Phragmites australis*）和香蒲（*Typha orienfalia*）。

主要动物物种：大鸨（*Otis tarda*）、苍鹭（*Ardea cinere*）、绿头鸭（*Anas platgrhynchos*）、凤头麦鸡（*Vanellus vanellus*）、灰头麦鸡（*Vanellus cinereus*）等。

9.2.3　旅游生态影响评价

纳林湖景区目前的建设项目主要是在湖泊南部开展。

主要的建设项目包括接待区建设 30 hm^2，长 150 m、宽 10 m 的水上栈桥。此外，在接待区的湖泊对面有占地 20 hm^2 的滑沙区，属于人工堆积沙丘。

开展的旅游活动主要有湖面游艇活动。

（1）旅游建设项目的影响　现有的接待广场和滑沙区占用的土地是在原来耕地转换而来。损失的植被主要是人工植被中的作物类。

（2）旅游活动的影响　目前开展的游艇娱乐活动主要活动范围在纳林湖南部的上述接待区与滑沙区之间。游艇主要起到运输的作用，但同时宣称可以观鸟。纳林湖旅游开发区域见图 9-3。

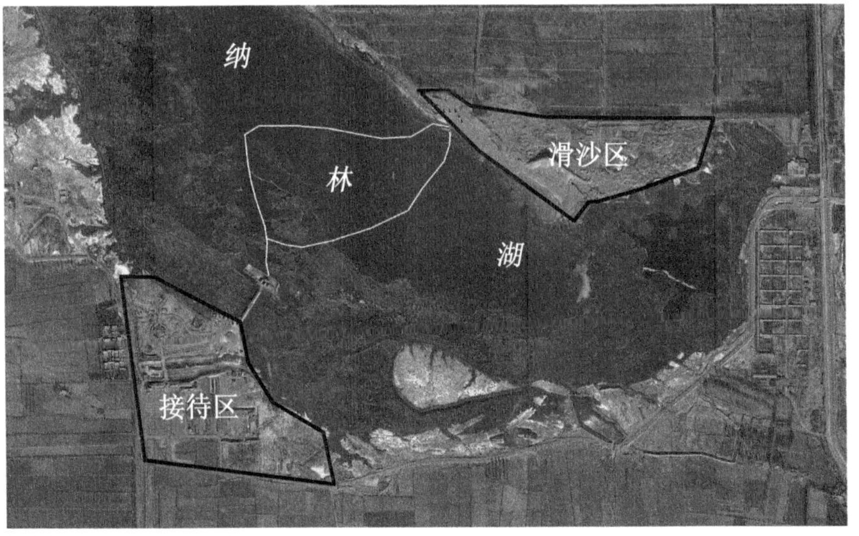

注：深色线内为建设项目区；白色线条为游艇大致线路。

图 9-3　纳林湖旅游开发区域示意图

对纳林湖生态影响存在较大威胁的就是水上游艇类的活动。主要是对湖泊鸟类生境的影响构成威胁。

根据保护区考察报告资料，纳林湖水生鸟类主要有大鸨、苍鹭、绿头鸭、凤头麦鸡、灰头麦鸡等。在现场调查中，景区未观察到鸟类。

9.2.4 旅游生态影响预测

根据纳林湖旅游规划（2006—2020）[①]，纳林湖将进行全面开发，包括整个湖泊湖面及其周边部分农田。

从生态系统整体性角度评估，规划的旅游开发活动主要涉及的是湖泊生态系统类型，以及部分农田生态系统。潜在的负面影响包括湖泊水质会受到来自游艇燃料泄漏而发生污染；湖泊北部湿地规划开发的度假区会减少芦苇等植被分布区，同时度假区可能的污水排放将对湖泊水质产生进一步的污染威胁。

从生态系统各要素来评估，主要是对水生植物、动物、地表水和景观等方面进行预测。

对水生植物影响预测：纳林湖水生植物主要为芦苇。纳林湖北部规划修建的度假区、东部和南部规划修建的新码头将会清除芦苇，这会减少鸟类的栖息地。

对动物的影响预测：纳林湖及其岸边全面开发，游客的声音、游船发动机声音、湖面游船在芦苇间巡回等产生的噪声将严重影响到鸟类的觅食、繁殖和休息，最终鸟类会迁徙并消失，这既对湖泊的生物多样性产生负面影响，同时也不可能实现规划中提及观鸟休闲活动。

对地表水的影响预测：这里主要指对湖泊水的影响，纳林湖的补给主要来自地下水和周边黄河灌区农田渗水，灌溉渗水虽经过土壤过滤，但农药残留污染仍然存在，而旅游开发中的游船燃油泄漏和度假区排污处理不完全则会对水质产生负面的累积效应。

9.2.5 规划项目的生态影响结论

根据上述规范方案，纳林湖全面进行旅游开发，主要对纳林湖的生物特别是

---

① 资料来源：http://www.docin.com/p-145034419.html。

鸟类的栖息地造成严重影响。目前的规划不符合干旱沙漠自然保护区旅游开发中的生态保护要求。

9.3　内蒙古巴丹吉林沙漠湖泊自然保护区

9.3.1　保护区概况

内蒙古巴丹吉林沙漠湖泊自然保护区是以保护沙漠景观、珍稀物种和古生物化石为主要对象的综合自然保护区，从景观类型上看，流动沙丘占 76.7%，湖泊占 0.4%，其他景观占 22.9%①。旅游活动涉及的主要是沙漠湖泊和流动沙丘景观。

9.3.2　现状调查与评价

1．区域生态现状调查

该保护区是巴丹吉林沙漠东南部的一部分，与巴丹吉林沙漠其余地区相比，最明显的特征是湖泊众多。维持湖泊存在的水源来自于地下水补给，而流动沙丘和半固定沙漠的草本植物主要依赖来自于降水补给的浅层地下水维持。

该保护区的植物主要分布于湖泊沿岸、高大沙丘背风坡洼地等。根据调查，保护区内的重点保护植物有以经济价值较高的梭梭、麻黄、甘草、锁阳、肉苁蓉等为主，少有发现珍稀濒危植物。

资料显示该保护区的重点保护动物发现的有野驴、鹅喉羚、盘羊、青羊以及大天鹅、多种雁鸭类和猛禽等。野驴为国家 I 级保护动物，鹅喉羚和盘羊为 II 级保护动物。但在实地多次调查中，没有遇见野驴，可遇见鹅喉羚。

2．区域主要生态问题

该保护区没有明显的生态问题，自然灾害主要有沙尘暴。

3．生态现状评价

作为以高大沙山和山间盆地湖泊为主要特征的自然保护区，受人类干扰相对

① 资料来源：内蒙古自治区阿拉善巴丹吉林沙漠湖泊自然保护区规划。

很少，目前除了旅游活动、盆地内放牧活动外，无其他工农业活动干扰，基本处于相对原始的自然状态。

9.3.3 旅游生态影响评价

该保护区旅游活动以湖泊为节点、通过越野车运送游客往来于各节点。涉及自然保护区的实验区，部分越野线路涉及核心区和缓冲区（见图 9-4）。

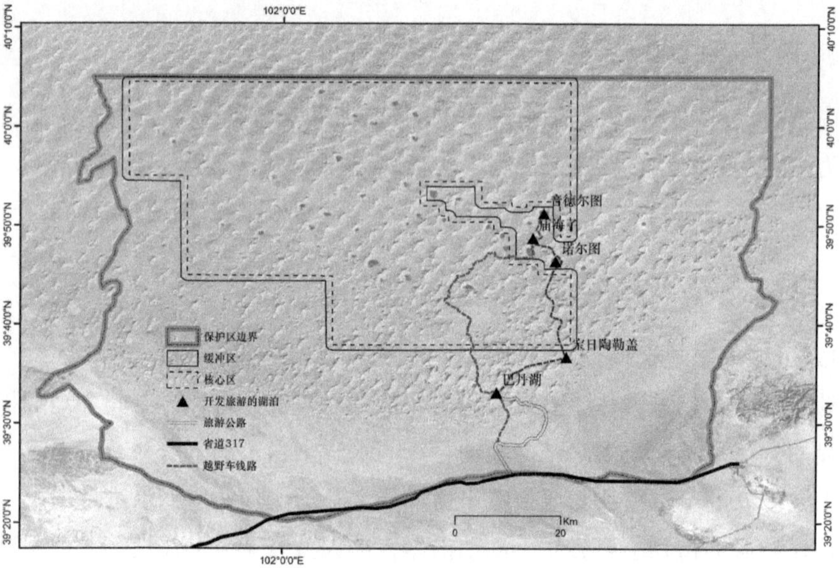

图 9-4 巴丹吉林沙漠湖泊自然保护区旅游开发现状

1．主要旅游设施和旅游活动

已建设公路：①从内蒙古省道 317 至景区门区公路 6 km，②景区门区至巴丹湖公路 20 km。

非固定线路：各湖泊之间由越野机动车运送游客，机动车穿梭于流动沙丘之间，未建设公路，但线路相对固定。

旅游活动主要有两类：一是游客乘坐越野机动车穿越沙丘的探险和刺激性体验；二是以湖泊为中心的活动，包括观光、徒步攀爬沙山、摄影等。

餐饮和住宿：主要有巴丹湖的巴丹湖宾馆 70 张床位、庙海子的蒙古包约 80 张床位、景区门区的地质宾馆以及部分湖泊的牧民家庭招待所等。

2．现状影响

公路的修建破坏部分植被；阻隔动物通道；越野车噪声对野生动物的惊扰。

湖泊周围接待点的餐饮、住宿会带来污水污染问题。

9.3.4　旅游生态影响预测

巴丹吉林沙漠湖泊自然保护区目前没有可获得的旅游规划文本，无在建的项目。而目前的旅游活动和接待设施将会持续运行。

景区大门至各湖泊以及湖泊之间运行的越野车可能产生的影响主要包括：对植被的碾压、噪声对沙漠动物的干扰、沙丘景观被碾压而丧失一定的原始风貌等。但相对来说此类影响比较小。主要原因是：首先，越野车穿越沙漠的路线相对固定，影响仅限于线状的区域；其次，越野车对植被的碾压对象主要为一些一年生草本，如沙米、虫实等，而一些半灌木和灌木基本不受影响，司机会主动避开这些植物以免发生翻车等危险；再次，噪声对动物的干扰难以避免，但巴丹吉林沙漠中连绵高大沙丘为动物提供了较好的庇护，越野车行车路线之外的广阔沙丘及丘间地基本不受影响；最后，遭汽车碾压的沙丘景观在旅游淡季（11 月至次年 4 月）时段会在强风的作用下恢复自然状态。

沙漠湖泊盆地的酒店、蒙古包以及牧家招待所，未来的运行的主要影响在于产生的生活污水如何不能及时合理地处理，会对地下水以及宾馆所在盆地的湖泊水质产生影响。须采用必要的污水处理设施，推荐地埋式的污水处理设备，并定期处理污泥并外运。对于游客和当地人产生的固体垃圾须进行集中收集并外运。由于旅游活动主要集中在流动沙丘区域，游客产生的固体垃圾容易被埋在沙土之下，景区管理须采取宣传教育和配备专门清洁工人随时收集和清理。

9.4　示范评价的经验总结

根据对上述示范区的调查和分析评价，对本研究提出的干旱沙漠自然保护区旅游生态影响评价技术的可行性和存在的问题进行总结。

9.4.1 评价指标的适宜性

根据上述发现，干旱沙漠自然保护区涉及旅游开发建设和游客旅游活动的次级生态系统类型主要包括沙漠湖泊、流动沙丘、固定和半固定沙地，但并非所有沙漠保护区旅游地都具有所有生态系统类型，而且同时在三种生态系统类型区域内存在旅游开发并不普遍。因此在自然保护区旅游地生态影响评价时，面向一种或多种生态系统类型时，可以按照需要选择使用评价对象和内容。

9.4.2 现状评价对预测影响评价的类比作用

鉴于目前大部分自然保护区都已经开展了不同程度的旅游活动，因此，在对规划建设的旅游设施和旅游活动进行生态影响评价时，可以充分利用类比分析法，即充分参考现状评价中对现有旅游建设项目和游客旅游活动对生态的影响结果。这就是本研究中在现状影响评价中专门提出对自然保护区内现有旅游生态影响评价进行专门分析的原因。

9.5 评价技术规范建议稿

根据上述研究，结合《环境影响评价技术导则　生态影响》（HJ 19—2011），坚持可操作性和有效性原则，初步编制适合于干旱沙漠自然保护区旅游生态影响评价技术规范的建议稿。具体见书后附件一。

附件一　干旱沙漠自然保护区旅游生态影响评价技术规范（建议稿）

1　适用范围

本规范规定了我国干旱沙漠自然保护区内开展旅游活动时，进行生态系统现状调查和旅游影响评价的基本原则、评价内容、评价方法和技术要求。

本规范适用于旅游建设项目和游客旅游活动对干旱沙漠自然保护区的生态系统及其组成因子所造成的影响的评价。

区域和规划的生态影响评价可参照使用。

2　规范性引用文件

下列文件的条款通过本标准的引用而成为本标准的条款。凡是注明日期的引用文件，其随后所有的修改单（不包括勘误的内容）或修订版均不适用于本标准，然而，鼓励根据本标准达成协议的各方面研究是否可使用这些文件的最新版本。凡是不注明日期的引用文件，其最新版本适用于本标准。

GB 3838　地表水环境质量标准

GB 3096　声环境质量标准

GB 3095　环境空气质量标准

HJ 19—2011　环境影响评价技术导则　生态影响

LY/T 1752—2008　荒漠生态系统定位观测技术规范

GB/T 20399　自然保护区总体规划技术规程

国家重点保护野生动物名录

国家重点保护野生植物名录

濒危野生动植物种国际贸易公约（CITES）

3 术语和定义

下列术语和定义适用于本规范。

干旱沙漠自然保护区：分布于我国干旱区，以保护荒漠自然生态系统及其要素为主的自然保护区。

旅游建设项目：指在自然保护区内为方便开展参观、旅游而修建的必要的基础设施和接待设施。

旅游活动：指保护区内游客的参观、游览和娱乐等行为活动及为此活动提供的娱乐设施。

重点保护植物物种：包括《国家重点保护野生植物名录》《濒危野生动植物种国际贸易公约》目录列出的植物物种。

重点保护动物物种：包括《国家重点保护野生动物名录》和《濒危野生动植物种国际贸易公约》里列出的动物物种。

管理能力：自然保护区的行政管理机构为了按照相关法律法规和相关要求，在维护自然保护区生态系统健康和稳定工作中，提供的人力资源、技术资源和资金等方面表现出的综合水平。

旅游容量管理：在监督管理的前提下，保证旅游区内各生态系统类型在健康和稳定的状态下，景区或景点能容纳的旅游人数。

4 评价工作范围

干旱沙漠自然保护区生态现状调查和旅游生态影响评价范围须从生态系统完整性出发，结合建设项目和旅游活动的直接影响和间接影响来确定评价工作范围。评价工作应不少于旅游建设项目边界和旅游活动区域边界之外 1 km 的距离。

5 生态现状调查与评价

5.1 生态现状调查

5.1.1 生态现状调查要求

生态现状调查工作包括两部分：一是对自然保护区生态现状调查；二是对评价工作范围内生态现状调查。

5.1.2　自然保护区生态现状调查内容及方法

5.1.2.1　调查内容

调查干旱沙漠自然保护区的荒漠生态系统及其次级生态系统类型的结构、功能和过程。

调查与生态系统类型相关的非生物因子特征，如气候、土壤、地貌、水文与水文地质等。

调查自然保护区重点保护生物，包括珍稀濒危动植物、国家级和省级重点保护物种，并逐个说明其类型、保护等级、空间分布、功能分区、保护要求等。

调查自然保护区面临的主要生态问题，如荒漠化、水土流失、盐渍化、自然灾害、污染危害等，描述其类型、成因、空间分布、发生特点等。

5.1.2.2　调查方法

自然保护区整体调查一般不需要进行实地测量工作，但对于缺少基础资料的自然保护区则须有针对性地进行实地测量。

基础资料包括自然保护区范围、功能分区、物种清单、群落特征、生态系统类型、非生物因子特征等。基础资料获取途径包括自然保护区综合考察报告、遥感影像解译、自然保护区数据库、科学研究文献等。无法通过前述途径获取基础资料的自然保护区，须通过野外调查、专家咨询、机构咨询等获取。

5.1.3　评价工作范围生态现状调查及方法

5.1.3.1　调查内容

调查生态系统的类型、规模、空间分布等。可重点对沙漠湖泊和湿地生态系统、固定半固定沙地生态系统、流动沙丘生态系统进行分类别调查。

调查影响区域内的重点保护植物的物种、种群特征、群落结构、受到的威胁、目前的保护措施。

调查影响区域内重点保护动物的物种、种群特征、群落结构，重点保护动物所依赖的主要生境及其保护现状和面临的威胁，包括觅食、迁移、繁殖等需要的自然环境和路径等。

调查影响区域内的水文情况，包括季节性河流的洪水季节、湖泊和沼泽的地下水和地表水补给来源。

5.1.3.2 调查方法

生态系统的类型、规模、空间分布等通过现场勘查，并结合遥感影像判读来确定。

重点保护植物调查应通过样方实测给出重点保护植物物种高度、密度、多度和频度，以及种群盖度等。调查方法可参照《生物多样性观测技术导则 陆生维管植物》（HJ 710.1—2014）和《荒漠生态系统定位观测技术规范》（LY/T 1752—2008）。

重点保护动物调查应通过样线法进行调查，给出动物密度、数量、路径等特征值。调查重点保护野生动物栖息地可以结合实地考察和遥感影像进行制图。

水文水资源调查尽量通过相关机构获取已有水文水资源调查资料。缺少水文水资源资料的情况下，可参照《环境影响评价技术导则 地面水环境》（HJ/T 2.3）和《环境影响评价技术导则 地下水环境》（HJ 610）中关于现状调查的方法获取。

5.2 生态现状评价

5.2.1 评价要求

在自然保护区生态现状调查和评价工作范围生态现状调查的基础上，对评价区的生态现状进行定量或定性的分析评价。

5.2.2 评价内容

自然保护区在提供防风固沙、生物多样性维持等服务方面的可持续性总体状况。自然保护区内固定与半固定沙地、湖泊湿地、流动沙丘等生态系统类型的健康状况。自然保护区生态系统面临的压力和存在的问题、生态系统的总体变化趋势等。

分析和评价评价工作范围内动物和植物等生态因子的现状组成、空间分布，分析重点保护植物和重点保护动物的生态学特征、保护现状和存在的问题等。

6 旅游建设项目和旅游活动分析

建设项目的分析内容包括：项目在自然保护区的位置、地理区位、建设项目类型、项目组成、占地规模、总平面及现场布置、施工方式、施工时序、运行方式、替代方案、工程总投资与环保投资、设计方案中的生态保护措施等。建设项目分析时段应涵盖勘查期、施工期、运营期和退役期，以施工期和运营期为分析的重点。

旅游活动分析内容包括：游乐设施的类型，各类型设施在自然保护区的位置、占地规模、平面布置、空间活动范围；游客旅游行为类型、活动空间范围等。分析以运营期为重点。

7　旅游生态影响预测与评价

7.1　旅游生态影响预测与评价内容

旅游生态影响预测与评价内容应与现状评价内容相对应，依据自然保护区生态保护的相关法律法规要求和受影响生态系统的主导生态功能选择评价预测内容。旅游建设项目和旅游活动的生态影响预测包括如下内容。

7.1.1　自然保护区生态系统影响

分析旅游建设项目和旅游活动对评价工作范围内涉及的不同生态系统类型的主要生态系统服务功能的影响，重点分析的生态系统类型包括固定和半固定沙地生态、湖泊湿地生态、流动沙丘等生态系统。生态系统服务重点分析防风固沙和生物多样性保护功能。

7.1.2　植被的影响

分析旅游建设项目和旅游活动导致自然保护区实验区植被覆盖度减少的程度。

分析旅游建设项目和旅游活动对重点保护植物物种是否产生直接破坏。对重点保护植物物种的分析包括：是否被移除、是否导致物种从本区内消失。

分析旅游建设项目和旅游活动是否会导致群落结构与功能的变化，演替趋势变化和优势种群的消长变化。

分析旅游开发中的绿化和美化工程中，是否引入非本土物种，重点分析是否会引入入侵物种。

7.1.3　野生动物的影响

分析动物种群数量、分布、生境状况及与旅游建设项目和旅游活动之间的关系，评价旅游建设项目和旅游活动对动物生境及其活动的影响。

对重点保护动物物种，分析旅游建设项目和旅游活动对物种的水源地、觅食区、繁殖地和迁徙路径的影响。

7.1.4 现存主要生态问题的影响趋势

预测旅游开发建设和旅游活动对现存主要生态问题加剧程度或改善程度，重点分析对荒漠化、盐渍化、水土流失等生态问题的影响。

7.2 评价方法

旅游建设项目和旅游活动对干旱沙漠自然保护区生态影响评价方法，见附录A。

8 旅游生态影响的防护、恢复及替代方案

8.1 生态影响的防护和恢复的原则

8.1.1 应按照避让、减缓、修复、重建和补偿的次序提出生态影响防护与恢复的措施；所采取措施的效果应有利于修复和增强自然保护区生态功能。

8.1.2 凡涉及重点保护生物物种时，必须提出可靠的避让措施或生境替代方案，且以避让为首选措施。

8.2 替代方案

8.2.1 提出建设项目选址、内容、工艺和技术的替代方案，包括建设项目的施工期和运营期的替代方案；提出游客旅游活动区的替代方案；提出生态保护措施的替代方案。

8.2.2 评价中应对替代方案进行生态可行性论证，优先选择生态影响最小的替代方案。

8.3 生态保护措施

8.3.1 旅游开发建设项目和旅游活动影响到自然保护区生态系统主要功能的，如防风固沙、水土保持等功能，必须进行修复和补偿，以维持此功能在建设项目施工前的水平或提高该功能为原则。

8.3.2 涉及非重点保护植物物种的占用后，在项目建设后应进行植被恢复，尽量恢复原来的物种结构和群落结构。

8.3.3 旅游开发建设项目和旅游活动影响到自然保护区重点保护动物物种时，应保留动物所需的基本生境。线性建设项目可能导致动物通道受到阻断时，应在施工中保留动物通道。

8.3.4 在自然保护区的旅游活动范围内，严格按照旅游容量控制游客数量，并采取监督和实时调控措施。

8.3.5　应绘制生态保护措施平面布置示意图和典型措施设施工艺图。图件规范和要求参考 HJ 19—2011 中附录 B 的一级评价要求的图件规范进行制作。

9　结论与建议

从生态影响及生态措施等方面，对旅游建设项目和旅游活动的可行性提出结论与建议。

附件二　环境影响评价技术导则　生态影响

前　言

为贯彻《中华人民共和国环境保护法》和《中华人民共和国环境影响评价法》，指导和规范生态影响评价工作，制定本标准。

本标准规定了生态影响评价的评价内容、程序、方法和技术要求。

本标准适用于建设项目的生态影响评价。区域和规划的生态影响评价可参照使用。

本标准附录A和附录C为资料性附录；附录B为规范性附录。

本标准是对《环境影响评价技术导则　非污染生态影响》（HJ/T 19—1997）的第一次修订，主要修订内容如下：

——充实调整和规范了术语和定义，增加了生态影响，直接、间接、累积生态影响，生态监测，特殊、重要生态敏感区和一般区域等术语和定义；

——调整了评价工作等级的划分标准；

——明确了确定评价工作范围的原则；

——规范了生态系统的调查内容、方法；

——增加了生态影响预测内容、基本方法；

——规范和系统化了工程生态影响分析内容；

——增补了生态影响的防护与恢复内容；

——修订和增补了附录。

本标准自实施之日起，《环境影响评价技术导则　非污染生态影响》（HJ/T 19—1997）废止。

本标准由环境保护部科技标准司组织制定。

本标准主要起草单位：环境保护部环境工程评估中心、中国环境科学研究院。

本标准环境保护部2011年4月8日批准。

本标准自 2011 年 9 月 1 日起实施。

本标准由环境保护部解释。

1 适用范围

本标准规定了生态影响评价的一般性原则、方法、内容及技术要求。

本标准适用于建设项目对生态系统及其组成因子所造成的影响的评价。区域和规划的生态影响评价可参照使用。

2 规范性引用文件

本标准内容引用了下列文件中的条款。凡是不注日期的引用文件，其有效版本适用于本标准。

GB 4043—2008 开发建设项目水土保持技术规范

GB/T 12763.9—2007 海洋调查规范 第 9 部分：海洋生态调查指南

SC/T 9110—2007 建设项目对海洋生物资源影响评价技术规程

SL 167—96 水库渔业资源调查方法

3 术语和定义

下列术语和定义适用于本标准。

3.1 生态影响 Ecological Impact

经济社会活动对生态系统及其生物因子、非生物因子所产生的任何有害的或有益的作用，影响可划分为不利影响和有利影响，直接影响、间接影响和累积影响，可逆影响和不可逆影响。

3.2 直接生态影响 Direct Ecological Impact

经济社会活动所导致的不可避免的、与该活动同时同地发生的生态影响。

3.3 间接生态影响 Indirect Ecological Impact

经济社会活动及其直接生态影响所诱发的、与该活动不在同一地点或不在同一时间发生的生态影响。

3.4 累积生态影响 Cumulative Ecological Impact

经济社会活动各个组成部分之间或者该活动与其他相关活动（包括过去、现在、未来）之间造成生态影响的相互叠加。

3.5 生态监测 Ecological Monitoring

运用物理、化学或生物等方法对生态系统或生态系统中的生物因子、非生物因子状况及其变化趋势进行的测定、观察。

3.6 特殊生态敏感区 Special Ecological Sensitive Region

指具有极重要的生态服务功能，生态系统极为脆弱或已有较为严重的生态问题，如遭到占用、损失或破坏后所造成的生态影响后果严重且难以预防、生态功能难以恢复和替代的区域，包括自然保护区、世界文化和自然遗产地等。

3.7 重要生态敏感 Important Ecological Sensitive Region

具有相对重要的生态服务功能或生态系统较为脆弱，如遭到占用、损失或破坏后所造成的生态影响后果较严重，但可以通过一定措施加以预防、恢复和替代的区域，包括风景名胜区、森林公园、地质公园、重要湿地、原始天然林、珍稀濒危野生动植物天然集中分布区、重要水生生物的自然产卵场及索饵场、越冬场和洄游通道、天然渔场等。

3.8 一般区域 Ordinary Region

除特殊生态敏感区和重要生态敏感区以外的其他区域。

4 总则

4.1 评价原则

4.1.1 坚持重点与全面相结合的原则。既要突出评价项目所涉及的重点区域、关键时段和主导生态因子，又要从整体上兼顾评价项目所涉及的生态系统和生态因子在不同时空等级尺度上结构与功能的完整性。

4.1.2 坚持预防与恢复相结合的原则。预防优先，恢复补偿为辅。恢复、补偿等措施必须与项目所在地的生态功能区划的要求相适应。

4.1.3 坚持定量与定性相结合的原则。生态影响评价应尽量采用定量方法进行描述和分析，当现有科学方法不能满足定量需要或因其他原因无法实现定量测定时，生态影响评价可通过定性或类比的方法进行描述和分析。

4.2 评价工作分级

4.2.1 依据影响区域的生态敏感性和评价项目的工程占地（含水域）范围，

包括永久占地和临时占地，将生态影响评价工作等级划分为一级、二级和三级，如表1所示。位于原厂界（或永久用地）范围内的工业类改扩建项目，可做生态影响分析。

表1　生态影响评价工作等级划分

影响区域生态敏感性	工程占地（水域）		
	面积≥20 km^2 或长度≥100 km	面积 2～20 km^2 或长度 50～100 km	面积≤2 km^2 或长度≤50 km
特殊生态敏感区	一级	一级	一级
重要生态敏感区	二级	二级	二级
一般区域	二级	三级	三级

4.2.2　当工程占地（含水域）范围的面积或长度分别属于两个不同评价工作等级时，原则上应按其中较高的评价工作等级进行评价。改扩建工程的工程占地范围以新增占地（含水域）面积或长度计算。

4.2.3　在矿山开采可能导致矿区土地利用类型明显改变，或拦河闸坝建设可能明显改变水文情势等情况下，评价工作等级应上调一级。

4.3　评价工作范围

生态影响评价应能够充分体现生态完整性，涵盖评价项目全部活动的直接影响区域和间接影响区域。评价工作范围应依据评价项目对生态因子的影响方式、影响程度和生态因子之间的相互影响和相互依存关系确定。可综合考虑评价项目与项目区的气候过程、水文过程、生物过程等生物地球化学循环过程的相互作用关系，以评价项目影响区域所涉及的完整气候单元、水文单元、生态单元、地理单元界限为参照边界。

4.4　生态影响判定依据

4.4.1　国家、行业和地方已颁布的资源环境保护等相关法规、政策、标准、规划和区划等确定的目标、措施与要求。

4.4.2　科学研究判定的生态效应或评价项目实际的生态监测、模拟结果。

4.4.3　评价项目所在地区及相似区域生态背景值或本底值。

4.4.4　已有性质、规模以及区域生态敏感性相似项目的实际生态影响类比。

4.4.5 相关领域专家、管理部门及公众的咨询意见。

5 工程分析

5.1 工程分析内容

工程分析内容应包括：项目所处的地理位置、工程的规划依据和规划环评依据、工程类型、项目组成、占地规模、总平面及现场布置、施工方式、施工时序、运行方式、替代方案、工程总投资与环保投资、设计方案中的生态保护措施等；工程分析时段应涵盖勘察期、施工期、运营期和退役期，以施工期和运营期为调查分析的重点。

5.2 工程分析重点

根据评价项目自身特点、区域的生态特点以及评价项目与影响区域生态系统的相互关系，确定工程分析的重点，分析生态影响的源，及其强度。主要内容应包括：

a）可能产生重大生态影响的工程行为；

b）与特殊生态敏感区和重要生态敏感区有关的工程行为；

c）可能产生间接、累积生态影响的工程行为；

d）可能造成重大资源占用和配置的工程行为。

6 生态现状调查与评价

6.1 生态现状调查

6.1.1 生态现状调查要求

生态现状调查是生态现状评价、影响预测的基础和依据，调查的内容和指标应能反映评价工作范围内的生态背景特征和现存的主要生态问题。在有敏感生态保护目标（包括特殊生态敏感区和重要生态敏感区）或其他特别保护要求对象时，应做专题调查。生态现状调查应在收集资料基础上开展现场工作，生态现状调查的范围应不小于评价工作的范围。

一级评价应给出采样地样方实测、遥感等方法测定的生物量、物种多样性等数据，给出主要生物物种名录、受保护的野生动植物物种等调查资料；

二级评价的生物量和物种多样性调查可依据已有资料推断，或实测一定数量的、具有代表性的样方予以验证；

三级评价可充分借鉴已有资料进行说明。

生态现状调查方法可参见附录 A；图件收集和编制要求应遵照附录 B。

6.1.2 调查内容

6.1.2.1 生态背景调查

根据生态影响的空间和时间尺度特点，调查影响区域内涉及的生态系统类型、结构、功能和过程，以及相关的非生物因子特征（如气候、土壤、地形地貌、水文及水文地质等），重点调查受保护的珍稀濒危物种、关键种、土著种、建群种和特有种，天然的重要经济物种等。如涉及国家级和省级保护物种、珍稀濒危物种和地方特有物种时，应逐个或逐类说明其类型、分布、保护级别、保护状况等；如涉及特殊生态敏感区和重要生态敏感区时，应逐个说明其类型、等级、分布、保护对象、功能区划、保护要求等。

6.1.2.2 主要生态问题调查

调查影响区域内已经存在的制约本区域可持续发展的主要生态问题，如水土流失、沙漠化、石漠化、盐渍化、自然灾害、生物入侵和污染危害等，指出其类型、成因、空间分布、发生特点等。

6.2 生态现状评价

6.2.1 评价要求

在区域生态基本特征现状调查的基础上，对评价区的生态现状进行定量或定性的分析评价，评价应采用文字和图件相结合的表现形式，图件制作应遵照附录 B 的规定，评价方法可参见附录 C。

6.2.2 评价内容

a）在阐明生态系统现状的基础上，分析影响区域内生态系统状况的主要原因。评价生态系统的结构与功能状况（如水源涵养、防风固沙、生物多样性保护等主导生态功能）、生态系统面临的压力和存在的问题、生态系统的总体变化趋势等。

b）分析和评价受影响区域内动、植物等生态因子的现状组成、分布；当评价区域涉及受保护的敏感物种时，应重点分析该敏感物种的生态学特征；当评价区域涉及特殊生态敏感区或重要生态敏感区时，应分析其生态现状、保护现状和存在的问题等。

7 生态影响预测与评价

7.1 生态影响预测与评价内容

生态影响预测与评价内容应与现状评价内容相对应，依据区域生态保护的需要和受影响生态系统的主导生态功能选择评价预测指标。

a）评价工作范围内涉及的生态系统及其主要生态因子的影响评价。通过分析影响作用的方式、范围、强度和持续时间来判别生态系统受影响的范围、强度和持续时间；预测生态系统组成和服务功能的变化趋势，重点关注其中的不利影响、不可逆影响和累积生态影响。

b）敏感生态保护目标的影响评价应在明确保护目标的性质、特点、法律地位和保护要求的情况下，分析评价项目的影响途径、影响方式和影响程度，预测潜在的后果。

c）预测评价项目对区域现存主要生态问题的影响趋势。

7.2 生态影响预测与评价方法

生态影响预测与评价方法应根据评价对象的生态学特性，在调查、判定该区主要的、辅助的生态功能以及完成功能必须的生态过程的基础上，分别采用定量分析与定性分析相结合的方法进行预测与评价。常用的方法包括列表清单法、图形叠置法、生态机理分析法、景观生态学法、指数法与综合指数法、类比分析法、系统分析法和生物多样性评价等，可参见附录C。

8 生态影响的防护、恢复、补偿及替代方案

8.1 生态影响的防护、恢复与补偿原则

8.1.1 应按照避让、减缓、补偿和重建的次序提出生态影响防护与恢复的措施；所采取措施的效果应有利修复和增强区域生态功能。

8.1.2 凡涉及不可替代、极具价值、极敏感、被破坏后很难恢复的敏感生态保护目标（如特殊生态敏感区、珍稀濒危物种）时，必须提出可靠的避让措施或生境替代方案。

8.1.3 涉及采取措施后可恢复或修复的生态目标时，也应尽可能提出避让措

施；否则，应制定恢复、修复和补偿措施。各项生态保护措施应按项目实施阶段分别提出，并提出实施时限和估算经费。

8.2　替代方案

8.2.1　替代方案主要指项目中的选线、选址替代方案，项目的组成和内容替代方案，工艺和生产技术的替代方案，施工和运营方案的替代方案、生态保护措施的替代方案。

8.2.2　评价应对替代方案进行生态可行性论证，优先选择生态影响最小的替代方案，最终选定的方案至少应该是生态保护可行的方案。

8.3　生态保护措施

8.3.1　生态保护措施应包括保护对象和目标，内容、规模及工艺，实施空间和时序，保障措施和预期效果分析，绘制生态保护措施平面布置示意图和典型措施设施工艺图。估算或概算环境保护投资。

8.3.2　对可能具有重大、敏感生态影响的建设项目，区域、流域开发项目，应提出长期的生态监测计划、科技支撑方案，明确监测因子、方法、频次等。

8.3.3　明确施工期和运营期管理原则与技术要求。可提出环境保护工程分标与招投标原则，施工期工程环境监理，环境保护阶段验收和总体验收、环境影响后评价等环保管理技术案。

9　结论与建议

从生态影响及生态恢复、补偿等方面，对项目建设的可行性提出结论与建议。

附录A
（资料性附录）
生态现状调查方法

A.1 资料收集法

即收集现有的能反映生态现状或生态背景的资料，从表现形式上分为文字资料和图形资料，从时间上可分为历史资料和现状资料，从收集行业类别上可分为农、林、牧、渔和环境保护部门，从资料性质上可分为环境影响报告书、有关污染源调查、生态保护规划、规定、生态功能区划、生态敏感目标的基本情况以及其他生态调查材料等。使用资料收集法时，应保证资料的现时性，引用资料必须建立在现场校验的基础上。

A.2 现场勘查法

现场勘查应遵循整体与重点相结合的原则，在综合考虑主导生态因子结构与功能的完整性的同时，突出重点区域和关键时段的调查，并通过对影响区域的实际踏勘，核实收集资料的准确性，以获取实际资料和数据。

A.3 专家和公众咨询法

专家和公众咨询法是对现场勘查的有益补充。通过咨询有关专家，收集评价工作范围内的公众、社会团体和相关管理部门对项目影响的意见，发现现场踏勘中遗漏的生态问题。专家和公众咨询应与资料收集和现场勘查同步开展。

A.4 生态监测法

当资料收集、现场勘查、专家和公众咨询提供的数据无法满足评价的定量需要，或项目可能产生潜在的或长期累积效应时，可考虑选用生态监测法。生态监测应根据监测因子的生态学特点和干扰活动的特点确定监测位置和频次，有代表性地布点。生态监测方法与技术要求须符合国家现行的有关生态监测规范和监测标准分析方法；对于生态系统生产力的调查，必要时需现场采样、实验室测定。

A.5 遥感调查法

当涉及区域范围较大或主导生态因子的空间等级尺度较大，通过人力踏勘较为困难或难以完成评价时，可采用遥感调查法。遥感调查过程中必须辅助必要的现场勘查工作。

A.6 海洋生态调查方法

海洋生态调查方法见 GB/T 12763.9—2007。

A.7 水库渔业资源调查方法

水库渔业资源调查方法见 SL 167—96。

附录 B
（规范性附录）
生态影响评价图件规范与要求

B.1 一般原则

B.1.1 生态影响评价图件是指以图形、图像的形式对生态影响评价有关空间内容的描述、表达或定量分析。生态影响评价图件是生态影响评价报告的必要组成内容，是评价的主要依据和成果的重要表示形式，是指导生态保护措施设计的重要依据。

B.1.2 本附录主要适用于生态影响评价工作中表达地理空间信息的地图，应遵循有效、实用、规范的原则，根据评价工作等级和成图范围以及所表达的主题内容选择适当的成图精度和图件构成，充分反映出评价项目、生态因子构成、空间分布以及评价项目与影响区域生态系统的空间作用关系、途径或规模。

B.2 图件构成

B.2.1 根据评价项目自身特点、评价工作等级以及区域生态敏感性不同，生态影响评价图件由基本图件和推荐图件构成，如表 B.1 所示。

B.2.2 基本图件是指根据生态影响评价工作等级不同，各级生态影响评价工作需提供的必要图件。当评价项目涉及特殊生态敏感区域和重要生态敏感区时必须提供能反映生态敏感特征的专题图，如保护物种空间分布图；当开展生态监测工作时必需提供相应的生态监测点图。

B.2.3 推荐图件是在现有技术条件下可以图形图像形式表达的、有助于阐明生态影响评价结果的选作图件。

B.3 图件制作规范与要求

B.3.1 数据来源与要求

a）生态影响评价图件制作基础数据来源包括：已有图件资料、采样、实验、地面勘测和遥感信息等。

b）图件基础数据来源应满足生态影响评价的时效要求，选择与评价基准时段相匹配的数据源。当图件主题内容无显著变化时，制图数据源的时效要求可在无显著变化期内适当放宽，但必须经过现场勘验校核。

表 B.1　生态影响评价图件构成要求

评价工作等级	基本图件	推荐图件
一级	（1）项目区域地理位置图 （2）工程平面图 （3）土地利用现状图 （4）地表水系图 （5）植被类型图 （6）特殊生态敏感区和重要生态敏感区空间分布图 （7）主要评价因子的评价成果和预测图 （8）生态监测布点图 （9）典型生态保护措施平面布置示意图	（1）当评价工作范围内涉及山岭重丘区时，可提供地形地貌图、土壤类型图和土壤侵蚀分布图 （2）当评价工作范围内涉及河流、湖泊等地表水时，可提供水环境功能区划图；当涉及地下水时，可提供水文地质图件等 （3）当评价工作范围涉及海洋和海岸带时，可提供海域岸线图、海洋功能区划图，根据评价需要选做海洋渔业资源分布图、主要经济鱼类产卵场分布图、滩涂分布现状图 （4）当评价工作范围内已有土地利用规划时，可提供已有土地利用规划图和生态功能分区图 （5）当评价工作范围内涉及地表塌陷时，可提供塌陷等值线图 （6）此外，可根据评价工作范围内涉及的不同生态系统类型，选作动植物资源分布图、珍稀濒危物种分布图、基本农田分布图、绿化布置图、荒漠化土地分布图等
二级	（1）项目区域地理位置图 （2）工程平面图 （3）土地利用现状图 （4）地表水系图 （5）特殊生态敏感区和重要生态敏感区空间分布图 （6）主要评价因子的评价成果和预测图 （7）典型生态保护措施平面布置示意图	（1）当评价工作范围内涉及山岭重丘区时，可提供地形地貌图和土壤侵蚀分布图 （2）当评价工作范围内涉及河流、湖泊等地表水时，可提供水环境功能区划图；当涉及地下水时，可提供水文地质图件 （3）当评价工作范围内涉及海域时，可提供海域岸线图和海洋功能区划图 （4）当评价工作范围内已有土地利用规划时，可提供已有土地利用规划图和生态功能分区图 （5）评价工作范围内，陆域可根据评价需要选做植被类型图或绿化布置图
三级	（1）项目区域地理位置图 （2）工程平面图 （3）土地利用或水体利用现状图 （4）典型生态保护措施平面布置示意图	（1）评价工作范围内，陆域可根据评价需要选做植被类型图或绿化布置图 （2）当评价工作范围内涉及山岭重丘区时，可提供地形地貌图 （3）当评价工作范围内涉及河流、湖泊等地表水时，可提供地表水系图 （4）当评价工作范围内涉及海域时，可提供海洋功能区划图 （5）当涉及重要生态敏感区时，可提供关键评价因子的评价成果图

B.3.2 制图与成图精度要求

生态影响评价制图的工作精度一般不低于工程可行性研究制图精度，成图精度应满足生态影响判别和生态保护措施的实施。

生态影响评价成图应能准确、清晰地反映评价主题内容，成图比例不应低于表 B.2 中的规范要求（项目区域地理位置图除外）。当成图范围过人时，可采用点线面相结合的方式，分幅成图；当涉及敏感生态保护目标时，应分幅单独成图，以提高成图精度。

表 B.2 生态影响评价图件成图比例规范要求

成图范围		成图比例尺		
		一级评价	二级评价	三级评价
面积	≥100 km^2	≥1：10 万	≥1：10 万	≥125 万
	20～100 km^2	≥1：5 万	≥1：5 万	≥1：10 万
	2～≤20 km^2	≥1：1 万	≥1：1 万	≥1：2.5 万
	≤2 km^2	≥1：5 000	≥1：5 000	≥1：1 万
长度	≥100 km	≥1：25 万	≥1：25 万	≥1：25 万
	50～100 km	≥1：10 万	≥1：10 万	≥1：25 万
	10～≤50 km	≥1：5 万	≥1：10 万	≥1：10 万
	≤10 km	≥1：1 万	≥1：1 万	≥1：5 万

B.3.3 图形整饰规范

生态影响评价图件应符合专题地图制图的整饰规范要求，成图应包括图名、比例尺、方向标/经纬度、图例、注记、制图数据源（调查数据、实验数据、遥感信息源或其他）、成图时间等要素。

附录 C
（资料性附录）
推荐的生态影响评价和预测方法

C.1 列表清单法

列表清单法是 Little 等于 1971 年提出的一种定性分析方法。该方法的特点是简单明了，针对性强。

a）方法

列表清单法的基本做法是，将拟实施的开发建设活动的影响因素与可能受影响的环境因子分别列在同一张表格的行与列内。逐点进行分析，并逐条阐明影响的性质、强度等由此分析开发建设活动的生态影响。

b）应用

1）进行开发建设活动对生态因子的影响分析；

2）进行生态保护措施的筛选；

3）进行物种或栖息地重要性或优先度比选。

C.2 图形叠置法

图形叠置法，是把两个以上的生态信息叠合到一张图上，构成复合图，用以表示生态变化的方向和程度。本方法的特点是直观、形象，简单明了。

图形叠置法有两种基本制作手段：指标法和 3S 叠图法。

a）指标法

1）确定评价区域范围；

2）进行生态调查，收集评价工作范围与周边地区自然环境、动植物等的信息，同时收集社会经济和环境污染及环境质量信息；

3）进行影响识别并筛选拟评价因子，其中包括识别和分析主要生态问题；

4）研究拟评价生态系统或生态因子的地域分异特点与规律，对拟评价的生态系统、生态因子或生态问题建立表征其特性的指标体系，并通过定性分析或定量方法对指标赋值或分级，再依据指标值进行区域划分；

5）将上述区划信息绘制在生态图上。

b）3S 叠图法

1）选用地形图，或正式出版的地理地图，或经过精校正的遥感影像作为工作底图，底图范围应略大于评价工作范围；

2）在底图上描绘主要生态因子信息，如植被覆盖、动物分布、河流水系、土地利用和特别保护目标等；

3）进行影响识别与筛选评价因子；

4）运用 3S 技术，分析评价因子的不同影响性质、类型和程度；

5）将影响因子图和底图叠加，得到生态影响评价图。

c）图形叠置法应用

1）主要用于区域生态质量评价和影响评价；

2）用于具有区域性影响的特大型建设项目评价中，如大型水利枢纽工程、新能源基地建设、矿业开发项目等；

3）用于土地利用开发和农业开发中。

C.3 生态机理分析法

生态机理分析法是根据建设项目的特点和受其影响的动、植物的生物学特征，依照生态学原理分析、预测工程生态影响的方法。生态机理分析法的工作步骤如下：调查环境背景现状和搜集工程组成和建设等有关资料。

a）调查植物和动物分布，动物栖息地和迁徙路线；

b）根据调查结果分别对植物或动物种群、群落和生态系统进行分析，描述其分布特点、结构特征和演化等级；

c）识别有无珍稀濒危物种及重要经济、历史、景观和科研价值的物种；

d）监测项目建成后该地区动物、植物生长环境的变化；

e）根据项目建成后的环境（水、气、土和生命组分）变化，对照无开发项目条件下动物、植物或生态系统演替趋势，预测项目对动物和植物个体、种群和群落的影响，并预测生态系统演替方向。

评价过程中有时要根据实际情况进行相应的生物模拟试验，如环境条件、生物习性模拟试验、生物毒理学试验、实地种植或放养试验等；或进行数学模拟，如种群增长模型的应用。该方法需与生物学、地理学、水文学、数学及其他多学科合作评价，才能得出较为客观的结果。

C.4 景观生态学法

景观生态学法是通过研究某一区域、一定时段内的生态系统类群的格局、特点、综合资源状况等自然规律，以及人为干预下的演替趋势，揭示人类活动在改变生物与环境方面的作用的方法。景观生态学对生态质量状况的评判是通过两个方面进行的，一是空间结构分析，二是功能与稳定性分析。景观生态学认为，景观的结构与功能是相当匹配的，且增加景观异质性和共生性也是生态学和社会学整体论的基本原则。

空间结构分析基于景观是高于生态系统的自然系统，是一个清晰的和可度量的单位。景观由斑块、基质和廊道组成，其中基质是景观的背景地块，是景观中一种可以控制环境质量的组分。因此，基质的判定是空间结构分析的重要内容。判定基质有三个标准，即相对面积大、连通程度高、有动态控制功能。基质的判定多借用传统生态学中计算植被重要值的方法。

决定某一斑块类型在景观中的优势，也称优势度值（D_o）。优势度值由密度（R_d）、频率（R_f）和景观比例（L_p）三个参数计算得出。其数学表达式如下：

R_d=（斑块 i 的数目/斑块总数）×100%

R_f=（斑块 i 出现的样方数/总样方数）×100%

L_p=（斑块 i 的面积/样地总面积）×100%

D_o=0.5×[0.5×（R_d+R_f）+ L_p]×100%

上述分析同时反映自然组分在区域生态系统中的数量和分布，因此能较准确地表示生态系统的整体性。

景观的功能和稳定性分析包括如下四方面内容：

a）生物恢复力分析：分析景观基本元素的再生能力或高亚稳定性元素能否占主导地位。

b）异质性分析：基质为绿地时，由于异质化程度高的基质很容易维护它的基质地位，从而达到增强景观稳定性的作用。

c）种群源的持久性和可达性分析：分析动、植物物种能否持久保持能量流、养分流，分析物种流可否顺利地从一种景观元素迁移到另一种元素，从而增强共生性。

d）景观组织的开放性分析：分析景观组织与周边生境的交流渠道是否畅通。

开放性强的景观组织可以增强抵抗力和恢复力。景观生态学方法既可以用于生态现状评价也可以用于生境变化预测，目前是国内外生态影响评价学术领域中较先进的方法。

C.5 指数法与综合指数法

指数法是利用同度量因素的相对值来表明因素变化状况的方法，是建设项目环境影响评价中规定的评价方法，指数法同样可将其拓展而用于生态影响评价中。指数法简明扼要，且符合人们所熟悉的环境污染影响评价思路，但困难之点在于需明确建立表征生态质量的标准体系，且难以赋权和准确定量。综合指数法是从确定同度量因素出发，把不能直接对比的事物变成能够同度量的方法。

a）单因子指数法

选定合适的评价标准，采集拟评价项目区的现状资料。可进行生态因子现状评价：例如以同类型立地条件的森林植被覆盖率为标准，可评价项目建设区的植被覆盖现状情况；亦可进行生态因子的预测评价：如以评价区现状植被盖度为评价标准，可评价建设项目建成后植被盖度的变化率。

b）综合指数法

1）分析研究评价的生态因子的性质及变化规律；

2）建立表征各生态因子特性的指标体系；

3）确定评价标准；

4）建立评价函数曲线，将评价的环境因子的现状值（开发建设活动前）与预测值（开发建设活动后）转换为统一的无量纲的环境质量指标，用1～0表示优劣（“1”表示最佳的、顶极的、原始或人类干预甚少的生态状况，“0”表示最差的、极度破坏的、几乎无生物性的生态状况）由此计算出开发建设活动前后环境因子质量的变化值；

5）根据各评价因子的相对重要性赋予权重；

6）将各因子的变化值综合，提出综合影响评价值。

即

$$\Delta E = \sum (Eh_i - Eq_i) \times W_i \qquad (C.1)$$

式中：ΔE —— 开发建设活动日前后生态质量变化值；

Eh_i —— 开发建设活动后 i 因子的质量指标；

Eq_i —— 开发建设活动前 i 因子的质量指标；

W_i —— i 因子的权值。

c）指数法应用

1）可用于生态因子单因子质量评价；

2）可用丁生态多因了综合质量评价；

3）可用于生态系统功能评价。

d）说明

建立评价函数曲线须根据标准规定的指标值确定曲线的上、下限。对于空气和水这些已有明确质量标准的因子，可直接用不同级别的标准值作上、下限；对于无明确标准的生态因子，须根据评价目的、评价要求和环境特点选择相应的环境质量标准值，再确定上、下限。

C.6　类比分析法

类比分析法是一种比较常用的定性和半定量评价方法，一般有生态整体类比、生态因子类比和生态问题类比等。

a）方法

根据已有的开发建设活动（项目、工程）对生态系统产生的影响来分析或预测拟进行的开发建设活动（项目、工程）可能产生的影响。选择好类比对象（类比项目）是进行类比分析或预测评价的基础，也是该法成败的关键。

类比对象的选择条件是：工程性质、工艺和规模与拟建项目基本相当，生态因子（地理、地质、气候、生物因素等）相似，项目建成已有一定时间，所产生的影响已基本全部显现。类比对象确定后，则需选择和确定类比因子及指标，并对类比对象开展调查与评价，再分析拟建项目与类比对象的差异。根据类比对象与拟建项目的比较，做出类比分析结论。

b）应用

1）进行生态影响识别和评价因子筛选；

2）以原始生态系统作为参照，可评价目标生态系统的质量；

3）进行生态影响的定性分析与评价；

4）进行某一个或几个生态因子的影响评价；

5）预测生态问题的发生与发展趋势及其危害；

6）确定环保目标和寻求最有效、可行的生态保护措施。

C.7 系统分析法

系统分析法是指把要解决的问题作为一个系统，对系统要素进行综合分析，找出解决问题的可行方案的咨询方法。具体步骤包括：限定问题、确定目标、调查研究、收集数据、提出备选方案和评价标准、备选方案评估和提出最可行方案。

系统分析法因其能妥善地解决一些多目标动态性问题，目前已广泛应用于各行各业，尤其在进行区域开发或解决优化方案选择问题时，系统分析法显示出其他方法所不能达到的效果。

在生态系统质量评价中使用系统分析的具体方法有专家咨询法、层次分析法、模糊综合评判法、综合排序法、系统动力学、灰色关联等方法，这些方法原则上都适用于生态影响评价。这些方法的具体操作过程可查阅有关书刊。

C.8 生物多样性评价方法

生物多样性评价是指通过实地调查，分析生态系统和生物种的历史变迁、现状和存在主要问题的方法，评价目的是有效保护生物多样性。

a）生物多样性通常用香农-威纳指数（Shannon-Wiener index）表征：

$$H=-\sum_{i=1}^{s}P_i\ln(P_i) \tag{C.2}$$

式中：H——样品的信息含量（彼得/个体）＝群落的多样性指数；

S——种数；

P_i——样品中属于第 i 种的个体比例，如样品总个体数为 N，第 i 种个体数为 n_i，则 $P_i=n_i/N$。

C.9 海洋及水生生物资源影响评价方法

海洋生物资源影响评价技术方法参见 SC/T 9110—2007，以及其他推荐的生态影响评价和预测适用方法；水生生物资源影响评价技术方法，可适当参照该技术规程及其他推荐的适用方法进行。

C.10 土壤侵蚀预测方法

土壤侵蚀预测方法参见 GB 4043—2008。

参考文献

[1] 陈曦. 中国干旱区自然地理[M]. 北京：科学出版社，2010.

[2] 环境保护部自然生态保护司. 全国自然保护区名录[M]. 北京：中国环境科学出版社，2012.

[3] 王文瑞，伍光和. 中国北方沙漠旅游地开发适宜性研究[J]. 干旱区资源与环境，2010，24（1）：184-188.

[4] 李先锋，石培基，马晟坤. 我国沙漠旅游发展特点及对策[J]. 地域研究与开发，2007，26（4）：54-57.

[5] 王艳茹，李陇堂，张冠乐，等. 中国沙漠旅游研究现状及展望[J]. 中国沙漠，2016，36（2）：533-539.

[6] 保继刚，楚义芳. 旅游地理学[M]. 北京：高等教育出版社，2012.

[7] 王文瑞，叶宜好，王亚慧，等. 基于省内外游客的沙漠旅游景区生态系统存在价值研究——以宁夏沙坡头景区为例[J]. 云南师范大学学报（哲学社会科学版），2013，45（3）：24-30.

[8] 王亚慧，王文瑞，王伟伟. 中小尺度荒漠生态系统服务研究及其价值评价——以宁夏沙坡头保护区为例[J]. 宁夏大学学报（自然科学版），2016，37（1）：106-111.

[9] 贾生元. 生态影响评价理论与技术[M]. 北京：中国环境出版社，2013.

[10] 李东，李陇堂，毛娟. 沙坡头旅游区深度开发的再思考[J]. 宁夏大学学报（自然科学版），2005，26（1）：84-89.

[11] 张澍，张媛. 纳林湖湿地生态系统保护和恢复规划探讨[J]. 林业资源管理，2014，3：159-162.

[12] [12] 哈米特，特尔. 游憩生态学（第一版）[M]. 吴承照，张娜，译. 北京：科学出版社，2011.

[13] Cole D N，Bayfield N G. Recreational trampling of vegetation：standard experimental procedures[J]. Biological Conservation，1993，63（3）：209-215.

[14] Hammitt W E，Cole D N. Wildland recreation：ecology and management[M]. John Wiley &

Sons，1998.

[15] Webb R H，Wilshire H G. Environmental effects of off-road vehicles. Impacts and management in arid regions[M]. New York：Springer-Verlag，1983.

[16] Priskin J. Physical impacts of four-wheel drive related tourism and recreation in a semi-arid，natural coastal environment[J]. Ocean & Coastal Management，2003，46（1-2）：127-155.

[17] Weber A S. Sustainable Tourism in Extreme Environments：Lessons from Desert Regions[C]. proceedings of the 2nd International Scientific Conference Tourism in Southern and Eastern Europe：Crisis - a Challenge of Sustainable Tourism Development？2013.

[18] 李贞，保继刚，覃朝锋. 旅游开发对丹霞山植被的影响研究[J]. 地理学报，1998，53（6）：76-83.

[19] 席建超，武国柱，甘萌雨，等. 六盘山生态旅游区典型植被对人类旅游践踏干扰的敏感性研究[J]. 资源科学，2009，31（8）：1447-1453.

[20] 牛莉芹，程占红. 五台山旅游对植被影响测量方法的比较[J]. 水土保持研究，2012，19（5）：223-229.

[21] 张冠乐，李陇堂，王艳茹，等. 宁夏沙湖景区生态旅游环境容量[J]. 中国沙漠，2016，36（4）：1153-1161.

[22] 李陇堂，薛晨浩，任婕，等. 基于模糊理论的宁夏沙漠旅游环境影响综合评价[J]. 旅游研究，2015，7（2）：45-51.

[23] 薛晨浩. 旅游活动对沙漠生态环境的影响研究[D]. 宁夏大学，2014.

[24] Hammitt W E，Cole D N，Monz C A. Wildland recreation：ecology and management[M]. Wiley Blackwell，2015.

[25] 哈米特，特尔. 游憩生态学[M]. 吴承照，张娜，译. 北京：科学出版社，2011.

[26] 张振瑜，王乃昂，马宁，等. 近40年巴丹吉林沙漠腹地湖泊面积变化及其影响因素[J]. 中国沙漠，2012（6）：1743-1750.

[27] 来婷婷，王乃昂，黄银洲，等. 2002年腾格里沙漠湖泊季节变化研究[J]. 湖泊科学，2012（6）：957-964.

[28] Rowlands P G. The Effects of disturbance on desert soils，vegetation，and community processes with emphasis on off-road vehicles：a critical review[R]. Bureau of Land Management，1980.

[29] 陈亚宁，等. 干旱荒漠区生态系统与可持续管理[M]. 北京：科学出版社，2009.

[30] 秦全胜，郑彩霞，汪万福，等. 敦煌莫高窟窟区树木蒸腾耗水量的估算[J]. 敦煌研究，2002，（4）：97-101.

[31] 马建章，程鲲. 自然保护区生态旅游对野生动物的影响[J]. 生态学报，2008（6）：2818-2827.

[32] Klein M L，Humphrey S R，Percival H F. Effects of Ecotourism on Distribution of Waterbirds in a Wildlife Refuge[J]. Conservation Biology，1995，9（6）：1454-1465.

[33] Burger J，Gochfeld M. Role of human disturbance in response behavior of Laysan albatrosses（Diomedea immutabilis）[J]. Bird Behavior，1999，13（1）：23-30.

[34] Mori Y，Sodhi N S，Kawanishi S，et al. The effect of human disturbance and flock composition on the flight distances of waterfowl species[J]. Journal of Ethology，2001，19（2）：115-119.

[35] Carney K M，Sydeman W J. A Review of Human Disturbance Effects on Nesting Colonial Waterbirds[J]. Waterbirds：The International Journal of Waterbird Biology，1999，22（1）：68-79.

[36] Xu F，Yang W，Xu W，et al. The effects of the Taklimakan Desert Highway on endemic birds Podoces biddulphi[J]. Transportation Research Part D：Transport and Environment，2013，20：12-14.

[37] 张迎梅，包新康，虞闰六，等. 宁夏沙坡头荒漠生态环境鸟类季节性消长研究[J]. 中国沙漠，2002（6）：19-22.

[38] 刘海洋，王乃昂，叶宜好，等. 我国沙漠旅游景区客流时空特征与影响因素——以鸣沙山、沙坡头、巴丹吉林为例[J]. 经济地理，2013（3）：156-163.

[39] 刘迺发，黄族豪，吴洪斌，等. 宁夏沙坡头国家级自然保护区动物资源的消长[J]. 生物多样性，2002（2）：156-162.

[40] 刘丙万，蒋志刚. 青海湖草原围栏对植物群落的影响兼论濒危动物普氏原羚的保护[J]. 生物多样性，2002（3）：326-331.

[41] 达瓦次仁. 西藏羌塘地区草场管理模式与围栏建设对野生动物和自然保护区的影响[J]. 西藏研究，2009（3）：85-93.

[42] Reijnen R，Foppen R，Veenbaas G. Disturbance by traffic of breeding birds：evaluation of the effect and considerations in planning and managing road corridors[J]. Biodiversity & Conservation，1997，6（4）：567-581.

[43] 国家环境保护总局环境工程评估中心. 生态影响评价[M]. 北京：中国环境科学出版社，

2006.

[44] 璩向宁. 宁夏沙湖旅游开发对水体环境的影响[J]. 干旱区资源与环境，2007，21（3）：105-107.

[45] Asplund T R. The effects of motorized watercraft on aquatic ecosystems. Wisconsin Department of Natural Resources，Bureau of Integrated Science Services and University of Wisconsin–Madison，Water Chemistry Program[J]. Unpublished report，2000.

[46] 高军，钱谊，蒋明康. 自然保护区及其周边地区建设项目的环境管理技术研究[M]. 北京：中国环境科学出版社，2012.

[47] 刘迺发，郝耀明，吴洪斌. 宁夏沙坡头国家级自然保护区二期综合科学考察[M]. 兰州：兰州大学出版社，2011.

[48] 程子彪，蒲小梅. 沙坡头旅游区旅游环境容量的动态测评[J]. 内蒙古农业大学学报（社会科学版），2011，13（6）：79-81.

[49] 符霞，乌恩. 游憩机会谱（ROS）理论的产生及其应用[J]. 桂林旅游高等专科学校学报，2006，17（6）：691-694.

[50] 张骁鸣. 旅游环境容量研究：从理论框架到管理工具[J]. 资源科学，2004，26（4）：78-88.

[51] 吴必虎. 区域旅游规划原理[M]. 北京：中国旅游出版社，2001.

[52] Watson A E，Cordell H K，Manning R，et al. The Evolution of Wilderness Social Science and Future Research to Protect Experiences，Resources，and Societal Benefits[J]. Journal of Forestry，2016，114（3）：329-338.

[53] Marion J L. A Review and Synthesis of Recreation Ecology Research Supporting Carrying Capacity and Visitor Use Management Decisionmaking[J]. Journal of Forestry，2016，114（3）：339-351.

[54] 贾丽，宝丽波，张凤琴，等. 巴彦淖尔市纳林湖渔业资源调查报告[J]. 内蒙古农业科技，2006（3）：44-46.

[55] Diedrich A，Huguet P B，Subirana J T. Methodology for applying the limits of acceptable change process to the management of recreational boating in the Balearic Islands，Spain（Western Mediterranean）[J]. Ocean & Coastal Management，2011，54（4）：341-351.

[56] Wagner K J. Assessing impacts of motorized watercraft on lakes：Issues and perceptions[C]. proceedings of the Proceedings of a National Conference on Enhancing the State's Lake

Management Programs，1991.

[57] Warbach J，Wyckoff M，Fisher G，et al. Regulating keyhole development：Carrying capacity analysis and ordinances providing lake access regulations. Planning and Zoning Center [M]. Inc. 1994.

[58] 李新荣，肖洪浪，刘立超，等. 腾格里沙漠沙坡头地区固沙植被对生物多样性恢复的长期影响[J]. 中国沙漠，2005，25（2）：173-181.

[59] 宁宝山. 石羊河流域下游植被恢复模式研究[D]. 兰州：甘肃农业大学，2011.

[60] 毛文永. 生态环境影响评价概论（修订版）[M]. 北京：中国环境科学出版社，2003.

[61] 梁学功，赵海珍. 强化生态影响评价 提高环境评价质量——《环境影响评价技术导则 生态影响》解读[J]. 环境保护，2011（15）：8-11.

[62] 王智，蒋明康，秦卫华，等. 对“禁止开发区”规划和管理的几点思考[J]. 生态与农村环境学报，2009，25（4）：110-113.

[63] 成文连，刘玉虹，关彩虹，等. 生态影响评价范围探讨[J]. 环境科学与管理，2010，35（12）：185-189.